Éd. Originale des *Odes
Funambulesques* de Banville
Paris sans nom d'auteur
Frontispice de Bracquemond.

22645

ODES
FUNAMBULESQUES

PARIS

POULET-MALASSIS ET DE BROISE, ÉDITEURS,

4, RUE DE BUCI.

La reproduction partielle est autorisée pour tous les Journaux.

ODES FUNAMBULESQUES

ODES
FUNAMBULESQUES

AVEC UN FRONTISPICE GRAVÉ A L'EAU-FORTE

PAR BRACQUEMOND

D'APRÈS UN DESSIN

DE CHARLES VOILLEMOT

ALENÇON

POULET-MALASSIS ET DE BROISE

IMPRIMEURS - ÉDITEURS

M D CCC LVII

PRÉFACE.

> — Eh quoi ! — s'écria-t-il, — ce pont n'était-il donc pas assez beau lorsqu'il paraissait avoir été construit en jaspe ? Ne doit-on pas craindre d'y poser les pieds, maintenant qu'il nous apparaît comme un charmant et précieux assemblage d'émeraudes, de chrysoprases et de chrysolithes ?
>
> GOETHE, *L'Homme à la Lampe.*

Les Éditeurs des *Odes Funambulesques* ont-ils eu raison de rassembler en un volume ces feuilles volantes que le poète avait abandonnées comme un jouet pour la récréation des premières brises ? Voilà assurément des fantaisies plus que frivoles ; elle ne changeront en rien la face de la société, et elles ne se font même pas excuser, comme d'autres poèmes de ce temps, par le génie. Bien plus, la borne idéale qui marque les limites du bon goût y est à chaque instant franchie, et, comme le remarque judicieusement M. Ponsard dans un vers qui survivrait à ses œuvres, si ses œuvres elles-mêmes ne devaient demeurer immortelles :

« *Quand la borne est franchie, il n'est plus de limite,* »

Plus de limites, en effet, c'est le pays des fleuves aurifères, des neiges éternelles, des forêts de fleurs. Voici l'héliante, l'asclépias, la mauve écarlate, la mousse blanche d'Espagne, les oiseaux-mouches, les troupeaux de buffalos et d'antilopes. Dans ces prairies ondulées, dans ces océans de verdure, habités aussi par des dindons, parcourus en tous sens par des indiens coloriés d'une manière bizarre, notre homme, vêtu d'une bonne blouse de peau de daim et chaussé de mocassins aux semelles épaisses, chasse aux chevelures. Pourquoi la prairie parisienne n'aurait-elle pas son Henri Haller et son capitaine Mayne-Reid ? Il y a bien la question du sang humain ; rassurez-vous, toutefois : dans le grand désert dont la Banque de France et la Monnaie sont les oasis, tout le monde est chauve, et ce seront des perruques seulement que l'ennemi des Navajoes en frac suspendra à sa ceinture. La balle de son rifle ne tuera que des mannequins à épouvanter les oiseaux. S'il reste même de ces mannequins-là! car les oiseaux sont devenus très-malins. Ils ont lu les chasses de M. Elzéar Blaze et celles de M. Viardot. Ils ont lu par la même occasion d'autres chasses et aussi quelques recueils d'anas ; si par hasard on les en priait bien fort ils feraient leurs *Echos de Paris* et leur *Courrier de Paris* tout comme M. Edmond Texier ou M. Villemot.

« D'autres temps, d'autres oiseaux ! d'autres
» oiseaux, d'autres chansons ! » murmure le divin Henri Heine, et il ajoute :

« Quel piaillement ! On dirait des oies qui
» ont sauvé le Capitole !

» Quel ramage ! Ce sont des moineaux avec
» des allumettes chimiques dans les serres
» qui se donnent des airs d'aigles portant la
» foudre de Jupiter. »

Eh bien, que ferez vous, Argiens aux cnémides élégantes ? Attaquerez vous ces moineaux et ces oies à grands coups de lance ? N'est-ce pas assez d'une sarbacane pour mettre en fuite une couvée de pierrots, et, quant aux volatiles plus graves, à ceux qui servent de point de comparaison pour exprimer la majesté de Junon aux bras de neige, il suffit sans doute de leur arracher de l'aile une plume pour écrire un mot. Un mot! n'est-ce pas beaucoup déjà, lorsque tant de messieurs affairés font un métier de cheval, et, les yeux crevés, tournent du matin au soir la roue d'un pressoir qui n'écrase rien?

Assurément ce temps-ci est un *autre temps;* ce qu'il appelle à grands cris, ce sont les oiseaux joyeux et libres; c'est la chanson bouffonne et la chanson lyrique. Lyrique, parce qu'on mourra de dégoût si l'on ne prend pas, de ci de là, un grand bain d'azur, et si l'on ne peut quelquefois pour se consoler de tant de médiocrités « rouler échevelés dans les étoiles, » bouffonne... tout simplement, mon Dieu! parce qu'il se passe autour de nous des choses très-drôles. De temps en temps, Aristophane refait bien sa comédie de *Plutus* qu'il intitule *Mercadet,* ou une autre de ses comédies, qu'il intitule *Vautrin,* ou *Les Saltimbanques,* ou autrement, mais toutes sortes d'obstacles arrêtent le cours

des représentions, car enfin, l'art dramatique est dans le marasme. Et puis, à ces satires refaites après coup, il manque toujours la parabase des *Oiseaux*; il manque les chœurs, ces Odes vivantes qui font passer des personnages aux spectateurs du drame la même coupe remplie jusqu'aux bords d'un vin réparateur. En quelle langue peut-on s'écrier aujourd'hui sur un théâtre : « Faibles humains, semblables à
» la feuille légère, impuissantes créatures pétries
» de limon et privées d'ailes, pauvres mortels
» condamnés à une vie éphémère et fugitive
» comme l'ombre ou comme un songe léger,
» écoutez les oiseaux, êtres immortels, aériens,
» exempts de vieillesse, occupés d'éternelles
» pensées ! » (1) En quelle langue pourrions-nous dire aux boursiers qui lisent dans leur stalle le cours de la Bourse : « L'Amour s'unis-
» sant aux ténèbres du Chaos ailé, engendra
» notre race au sein du vaste Tartare, et la mit
» au jour la première. Avant que l'Amour eût
» tout mêlé, la race des immortels n'existait
» pas encore, mais quand le mélange de toutes

(1) Parabase des *Oiseaux*, traduction de M. Artaud.

VI

» choses fut accompli, alors parut le ciel,
» l'océan, la terre et la race immortelle des
» dieux. Ainsi nous sommes beaucoup plus
» anciens que tous les dieux. Nous sommes fils
» de l'Amour, mille preuves l'attestent? » (1)

J'entre dans un théâtre de genre, à l'instant précis où la salle croule sous les bravos. En effet, le rideau s'est levé sur un décor aussi hideux qu'un véritable salon bourgeois. Aux fenêtres, de vrais rideaux en « *damas laine et* » *soie,* » attachés avec de vraies torsades de passementerie à de vraies patères en cuivre estampé. Sur la cheminée, une vraie pendule de Richond. Puis de vrais meubles, et une vraie lampe avec un vrai abat-jour rose en papier gaufré. Voici un vrai comédien qui met ses vraies mains dans ses vraies poches, il fume un vrai cigare; il dit *qu'est-ce que t'as,* comme un vrai commis de nouveautés, les applaudissements roulent comme un tonnerre, et la foule ne se sent pas d'aise. — « Avez-vous vu? Il fume » un vrai cigare! Il a une vraie culotte, regardez » comme il prend bien son chapeau! Il a dit

(1) Parabase des *Oiseaux*, traduction de M. Artaud.

» *j'aime Adèle*, tout-à-fait comme M. Edouard
» que nous connaissons, lorsqu'il allait épouser
» Adèle ! » Tu as raison, bon public. Tout cela
est réel comme le papier timbré, le rhume de
cerveau et le macadam. Les gens qui se promènent sur ce tréteau encombré de poufs, de
fauteuils capitonnés et de chaises en laque,
semblent en effet s'occuper de leurs affaires ;
mais est-ce que je les connais, moi spectateur ?
Est-ce que leurs affaires m'intéressent ? Je connais
Hamlet, je connais Roméo, je connais Ruy
Blas, parce qu'ils sont exaltés par l'amour,
mordus par la jalousie, transfigurés par la
passion, poursuivis par la fatalité, broyés par
destin. Ils sont des hommes comme je suis un
homme. Comme moi ils ont vu des lacs, des
forêts, des grands chemins, des cieux constellés,
des clairières argentées par la lune. Comme
moi, ils ont adoré, ils ont prié, ils ont subi mille
agonies, la souffrance a enfoncé dans leurs
cœurs les pointes de mille glaives. Mais comment connaîtrais-je ces bourgeois nés dans une
boîte ? Ils ont, me direz-vous, les mêmes tracas
que moi, de l'argent à gagner et à placer, des
termes à payer, des remèdes à acheter chez le

VIII

pharmacien? Mais justement c'est pour oublier tous ces ennuis que je suis venu dans un théâtre! Que ces gens-là me soient étrangers, cela ne serait encore rien ; ce qu'il y a de pis, c'est que je leur suis moi profondément étranger. Ils ne savent rien de moi, ils ne m'aiment pas, ils ne me plaignent pas quand je suis désolé, ils ne me consolent pas quand je pleure, ils ne souriraient guère de ce qui me fait rire aux éclats.

A chaque instant le chœur antique disait au spectateur : « Nous avons toi et moi la même » patrie, les mêmes dieux, la même destinée; » c'est ta pensée qui acère ma raillerie, c'est ton » ironie qui fait éclater mon rire en notes d'or. » A défaut de chœur, Racine et Shakspere disent cela eux-mêmes. Ils le disent à chaque vers, à chaque ligne, à chaque mot, tant leur âme individuelle est pénétrée, envahie et submergée par l'âme humaine. Mais aujourd'hui, même dans les œuvres où par hasard le génie comique éclate en liberté, l'auteur a toujours l'air de faire tous ces mots-là pour lui et de s'amuser tout seul. Il manque toujours le chœur, ou du moins ce mot, ce cri, ce signe qui invite à la communion fraternelle. Si le poète des *Odes*

Funambulesques pouvait avouer un instant cette fatuité, nous dirions qu'il a voulu tenter comme des essais de chœurs pour *Vautrin*, pour *Les Saltimbanques*, pour *Jean Hiroux* la plus haute tragédie moderne, encore à faire. Il se serait efforcé de rompre la glace qui sépare de la foule quelques-unes des célébrités contemporaines, et de montrer violemment dans une ombre déchirée par un rayon de lumière leur côté humain et familier. En un mot, il aurait tâché de faire avec la Poésie, cet art qui contient tous les arts et qui a les ressources de tous les arts, ce que se propose la Caricature quand elle est autre chose qu'un barbouillage. Hâtons-nous de dire qu'il n'a biographié personne. Il n'a pas même vu extérieurement et de très-loin le mur qui environne la vie privée. Ceci est utile à constater, à un moment où, si cela continue, nous finirons par être dégoûtés même de Plutarque.

Ici la critique reprend la parole. — « Vous
» vouliez peindre votre temps, à la bonne
» heure. Etait-ce une raison pour marcher sur
» la tête, et pour vous vêtir d'oripeaux désor-
» donnés et bizarres ? Est-ce pour peindre quel-

» que chose, s'il vous plaît, que vous affectez
» ces mètres extravagants, ces césures effron-
» tées, ces rimes d'une sauvagerie enfantine ? »
Peut-être bien. Un homme qui est très-spiri-
tuel malgré sa réputation d'homme d'esprit,
M. Nestor Roqueplan a défini notre époque par
un seul mot très-éloquent : le Paroxisme. Se-
lon lui, le grand caractère de notre âge com-
plexe était celui-ci, que tout s'est élevé à un
degré extrême d'intensité. Pour éclairer ce
qu'éclairait autrefois la chandelle classique, il
faut des orgies de gaz, des incendies, des four-
naises et des comètes. On était riche avec dix
mille livres de rentes, et maintenant, si un ban-
quier ne possède que dix millions de francs,
chacun dit de lui : « Ce pauvre un tel n'est
guère à son aise ! » Où il y avait du gris, nous
mettons du vermillon pur, et nous trouvons que
cela est encore bien gris. Nos écrivains sont si
spirituels que leurs cheveux en tombent, nos
femmes si éclatantes qu'elles font peur aux
bœufs, nos voitures si fines qu'elles se cassent
en mille miettes.

Lorsque le chroniqueur des *Nouvelles à la
main* a imaginé sa définition, il ne se trompait

certes pas et il y avait là quelque chose de bien observé. Il faut désormais faire un pas de plus. Nous en sommes toujours au paroxisme, mais au paroxisme de l'absurde. Bien entendu, nous parlons seulement ici du côté extérieur et pittoresque des mœurs. Rien n'empêche et ne saurait empêcher l'essor de la Science, de la Poésie, du Génie dans toutes ses manifestations, enfin de ce qui est la vie même de la France. Mais l'existence dans la rue, le côté des choses qui sollicite l'observation superficielle est devenu essentiellement absurde et caricatural. Nous ressemblons tous à ces baladins qui, aux derniers jours du carnaval, jouent *Les Rendez-vous bourgeois* travestis, chacun portant un costume opposé à l'esprit de son rôle. Vous entrez dans le bureau d'un petit journal, vous y trouvez des vieillards qui regrettent le bon vieux temps ; vous allez chez un acteur, vous le voyez en train de faire des chiffres ; vous montez chez une courtisane, elle est abonnée au *Siècle*. Ce jeune homme adorable, fatal comme Lara et habillé comme Brummel, est un usurier. Ce monsieur qui tient ses livres de maison en partie double, et qui sert d'intermédiaire pour trouver de l'argent, c'est un poète. Mon domestique ne se contente plus d'être *mis dans la gazette ;* il fait bâtir des maisons, et ce pauvre homme en habit râpé qui monte dans un omnibus est un duc plus ancien que les La Trémouille.

Il reste un descendant de Godefroy de Bouillon, il chante dans les chœurs de l'Opéra ; et le dernier des comtes de Foix, M. Eugène Grailly était acteur à la Porte-Saint-Martin. Un saltimbanque a récemment attaché son trapèze sous le pont suspendu qui domine la cataracte du Niagara, et, dans les variations du *Carnaval de Venise,* madame Carvalho a montré qu'avec son gosier elle jouait du violon mieux que Paganini : après cela, venez dire que la versification des *Odes funambulesques* est excessive ou imprudente ! Sans parler des élus qui ont fait *Les Feuilles d'automne, La Comédie de la Mort, Les Méditations, Rolla, Les Iambes, Eloa, Les Ternaires, Les Sentiers perdus,* et d'autres beaux livres, il y a ici deux écrivains qui possèdent des natures essentiellement poétiques ; ce sont MM. Louis Veuillot et Proudhon, les deux implacables adversaires de la poésie et des poètes.

XIII

Dans un morceau merveilleux d'inspiration lyrique, M. Proudhon, qui n'a jamais lu un vers, s'est rencontré, presque idée pour idée, avec les *Litanies de Satan* de M. Charles Baudelaire. Dans *Corbin et d'Aubecourt,* M. Louis Veuillot a donné une page digne de Burns : c'est la description de la cour d'une vieille maison dans le faubourg Saint-Germain, avec son puits à la serrurerie ouvragée, et son lilas délicieusement fleuri sur un tronc antique.

Les cordonniers font des romans, les notaires et les maîtres d'écriture ventrus se moquent de M. Prudhomme, les vices d'Herpyllis, de Léontion, de Danaë et d'Archeanassa sont tombés aux cuisinières, et après avoir très-spirituellement égayé *Le Charivari, Le Corsaire, Le Figaro* et *Le Tintamarre,* les plaisanteries contre la tragédie ont été accaparées par des imbéciles. S'il plaît donc à Daumier, en ses figures énergiques et puissantes, de tracer un pan d'habit un peu trop tordu par le vent du nord ou une main qui ait presque six doigts, il n'y a vraiment pas là de quoi fouetter un chat. Les enthousiastes du comique rimé, qui regrettent amèrement de l'avoir vu disparaître de notre poésie après *Les*

Plaideurs, savent quelles difficultés surhumaines notre versification oppose à l'artiste qui veut faire vibre la corde bouffonne. Si l'on nous permet de retourner ici un mot célèbre, ils savent combien il est inouï de pouvoir rester fougueux sur un cheval calme. Le problème assurément n'est pas résolu dans le pauvre petit bouquin vert que voici, improvisé au hasard et bribe par bribe à vingt époques différentes. Mais, tel qu'il est, il pourra sans doute distraire pendant dix minutes les amateurs de poésie et d'art : il y a eu dans tous les siècles beaucoup de livres dont on n'en pourrait pas dire autant, et qui ne valent pas une cigarette.

Pour ce qui regarde les formes spéciales imitées dans quelques pièces, est-il nécessaire de rappeler encore une fois que la parodie a toujours été un hommage rendu à la popularité et au génie ? Nous croirions faire injure à nos lecteurs en supposant qu'il pût se trouver parmi eux une âme assez méchante pour voir dans ces jeux où un poète obscur raille sa propre poésie, une odieuse attaque contre le père de la nouvelle poésie lyrique, contre le demi-dieu qui a façonné la littérature contemporaine à l'image de son cerveau, contre l'illustre et glorieux ciseleur des *Orientales*. Quant aux personnalités éparses dans ces pages éphémères, qui pourraient-elles raisonnablement courroucer? Nous le répétons de nouveau, ce ne sont et ce ne pouvaient être que des caricatures absolument fantastiques. Or nous ne savons pas que ni M. Thiers, ni M. de Falloux, ni M. Louis Blanc, ni M. de Montalembert, ni M. Proudhon, ni tant d'hommes d'état et d'écrivains éminents se soient jamais fâchés à propos des singuliers profils que leur ont prêtés les dessinateurs humoristes. Il nous reste seulement le regret d'avoir cru à la lettre apocryphe signée Thomas Couture (*voir page* 229), mais notre javelot perdu n'aura même pas égratigné cette jeune gloire.

Un mot encore. Les *Odes funambulesques* n'ont pas été signées tout bonnement parcequ'elles ne valaient pas la peine de l'être. Et d'ailleurs, si l'on devait les restituer à leur véritable auteur, toutes les satires parisiennes, quelles qu'elles soient, ne porteraient-elles pas le nom du facétieux inconnu qui s'appelle TOUT LE MONDE? Enfin, ennemi lecteur, avant de condamner ce fragile essai de pamphlet en rythmes et de le jeter dédaigneusement à la corbeille avec le dernier numéro du *Réalisme*, songe que la Satire magistrale de Boileau ne peut plus servir en 1857, ni même plus tard, comme arme du moins. Heureux celui qui pourrait non pas trouver, non pas compléter, mais seulement fixer pour quelques jours au point où elle est parvenue la formule rimée de notre esprit comique ! Sommes-nous sûrs que les chevaux indomptés ne viendront plus jamais mordre l'écorce de nos jeunes arbres ? Eh bien, le jour où cette fatalité planerait sur nous, le jour où se levera haletant, courroucé et terrible le chanteur d'Odes qui sera le Tyrtée de la France ou son fougueux Théodore Kerner, s'il cherche la langue de l'Iambe armé de clous dans le *Ménage Parisien* ou dans *L'Honneur et L'Argent*, il ne l'y trouvera pas ; ce n'est pas dans le sang du lapin ou du pigeon gris que le guerrier libre du pays des fleuves empoisonne ses flèches vengeresses.

Février 1857.

XVII

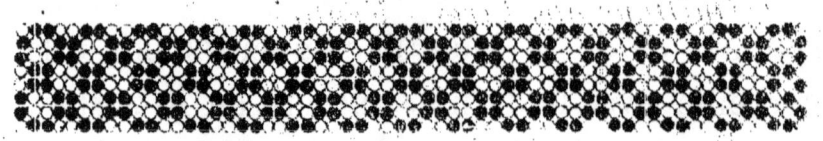

LA CORDE ROIDE.

Du temps que j'en étais épris,
Les lauriers valaient bien leur prix.
A coup sûr, on n'est pas un rustre
Le jour où l'on voit imprimés
Les poèmes qu'on a rimés :
Heureux qui peut se dire illustre !

Moi-même un instant je le fus.
J'ai comme un souvenir confus
D'avoir embrassé la Chimère.
J'ai mangé du sucre candi
Dans les feuilletons du lundi :
Ma bouche en est encor amère.

XVIII

Quittons nos lyres, Erato !
On n'entend plus que le râteau
De la roulette et de la banque ;
Viens devant ce peuple qui bout
Jouer du violon debout
Sur l'échelle du saltimbanque !

Car, si jamais ses yeux vermeils
Ne sont las de voir les soleils
Sans baisser leurs fauves paupières,
Le poète n'est pas toujours
En train de réjouir les ours
Et de civiliser les pierres.

En vain les accords de sa voix
Ont charmé les monstres ; parfois
Loin des flots sacrés il émigre,
Las, sinon guéri de prêcher
L'amour aux côtes du rocher
Et la douceur aux dents du tigre.

XIX

Il se demande s'il n'est plus,
Sous les vieux arbres chevelus
De cette France que nous sommes,
De l'Océan au pont de Kehl,
Un déguisement sous lequel
On puisse parler à des hommes;

Et, voulant protester du moins
Devant les immortels témoins
En faveur des dieux qu'on renie,
Quoique son âme soit ailleurs,
Il te prend tes masques railleurs
Et ton rire, ô sainte Ironie !

Alors, sur son triste haillon
Il coud des morceaux de paillon,
Pour que dans ce siècle profane,
Fût-ce en manière de jouet,
On lui permette encor le fouet
De son aïeul Aristophane.

XX

Et d'une lieue on l'aperçoit
En souliers rouges ! Mais qu'il soit
Un héros sublime ou grotesque ;
O Muse ! qu'il chasse aux vautours,
Ou qu'il daigne faire des tours
Sur la corde funambulesque,

Tribun, prophète ou baladin,
Toujours fuyant avec dédain
Ces pavés que le passant foule,
Il marche sur les fiers sommets
Ou sur la corde ignoble, mais
Au-dessus des fronts de la foule.

Septembre 1856.

OCCIDENTALE PREMIÈRE.

LE MIRECOURT.

Un jour Dumas passait : les divers gens de lettres
Devant son gousset plein s'inclinaient à deux mètres,
　　En murmurant : ils sont trop verts !
Un mirecourt soudain, fait comme un vilain masque,
Fendit la foule, prit son twine par la basque,
　　Et lui fit cette scie en vers :

« Alexandre Dumas, compresse de la presse,
» Emplâtre universel posé sur sa détresse,
　　» Moxa qu'elle se met partout,
» Ecoute-moi, pacha de ces maquets sans nombre,
» Ombre de Scudery, qui de Gigogne est l'ombre,
　　» Tu n'es qu'un pitre et qu'un berthoud !

» *Tu gâtes le papier de quatre lamartines.*
» *Comme un féval trop plein tu répands tes tartines*
 » *Sur tout un peuple rechignant ;*
» *Ta machine à vapeur fait marcher trois cents plumes,*
» *Et tu fais un gâchis en trente-deux volumes*
 » *Des mémoires de D'Artagnan.*

» *Mais ton jour vient. Il faut dans* Le Siècle *qui tombe*
» *Que le premier-Paris sous lui creuse ta tombe !*
 » *Dieu te garde un carcan de bois*
» *Dans* La Démocratie, *un journal de dentiste,*
» *Dans les entrefilets du* Globe, *et dans* L'Artiste,
 » *Feuille qui paraît quelquefois !*

» *Pommier te dira : zut ! Dans le format du* Times
» *Tes vieux ours écriront les noms de tes victimes ;*
 » *Tu les entendras te crier :*
» *Mort et damnation ! et te traiter de cancre,*
» *Tous ces fœtus caducs, ces vieux ours teints de l'encre*
 » *Qui n'est plus dans ton encrier !*

» *Ceci t'arrivera, Yacoub, sans que Chambolle*,
» *Solar ni Girardin te soldent une obole*
   » *Sur le dernier trimestre échu ;*
» *Lors même que Dumas, ainsi qu'Abdolonyme*,
» *Vieux et plantant ses choux, prendrait le pseudonyme*
   » *De Falempin ou Barbanchu !* »

Dumas avait un jonc en bois de sycomore,
Et près de lui Gautier, qui sur la tête more
   Fait cinq cent vingt pour son écot :
Docile au mirecourt, il lui laissa tout dire,
Pencha son front rêveur... puis avec un sourire
   Fit : « *As-tu déjeûné, Jacquot ?* »

Octobre 1846.

TRIOLET PREMIER.

MORT DE SHAKESPERE

Ducuing, cet ami de Ponsard,
A bien dit son fait à Shakespere.
Ils étaient, avec le soudard
Ducuing, sept amis de Ponsard :
Ils ont pris Shakespere à l'écart,
Et sous leurs coups Shakespere expire.
Ducuing, cet ami de Ponsard
A bien dit son fait à Shakespere.

BALANCELLE.

Si Limayrac devenait fleur,
Il boirait les pleurs de l'aurore,
Et, penché sur le sein de Flore,
Il renaîtrait à ce doux pleur.
Son faux-col serait sa corolle,
Et d'un lys aurait la couleur;
J'en ferais des bouquets à Rolle,
Si Limayrac devenait fleur.

Si Limayrac devenait fleur,
Ducuing pourrait, à la Chaumière,
L'attacher à sa boutonnière,
Et s'en faire une croix d'honneur.
Sur les coteaux et dans les landes,
Enivré d'un rêve enchanteur,
Buloz en ferait des guirlandes,
Si Limayrac devenait fleur.

Si Limayrac devenait fleur,
J'en ornerais près d'une haie
La houlette d'Arsène Houssaye :
Je l'arracherais sans douleur.
A côté d'une cucurbite,
Je le cueillerais en l'honneur
De l'éditeur Jules Labitte,
Si Limayrac devenait fleur.

Si Limayrac devenait fleur,
Je le mettrais dedans un vase,
Et quelquefois avec extase
Je l'aplatirais sur mon cœur.
Séduit par son pistil attique,
Peut-être un jeune parfumeur
Nous en ferait de l'huile antique,
Si Limayrac devenait fleur.

Hélas ! Limayrac n'est pas fleur
Et ne peut de parfums de menthe
Enivrer un corset d'amante
Ni l'habit noir d'un rédacteur.

On ne peut faire de pommade
Avec son faux-col séducteur :
Jetons au feu cette ballade,
Hélas ! Limayrac n'est pas fleur !

Novembre 1845.

TRIOLET DEUXIÈME.

NÉRAUT, TASSIN ET GRÉDELU.

Néraut, Tassin et Grédelu
Sont l'espoir de l'art dramatique;
Roscius n'a jamais valu
Néraut, Tassin et Grédelu.
Grédelu serait mon élu
Pour jouer un roi fantastique.
Néraut, Tassin et Grédelu
Sont l'espoir de l'art dramatique.

OCCIDENTALE DEUXIEME.

V. — LE BAIGNEUR.

V.... *tout plein d'insolence*
    Se balance
Aussi ventru qu'un tonneau,
Au-dessus d'un bain de siège
    De Barège,
En digérant son gruau.

Et le flot, comme une nonne
    Qu'on chiffonne,
Sous le profil reflété
De ce sultan ridicule
    Se recule,
Se recule épouvanté.

Chaque fois que la courroie,

Qui se ploie,

Passe à fleur d'eau dans son vol,

On voit, de l'eau qui s'agite,

Sortir vite

Son pied-bot et son faux-col.

Reste ici caché, demeure !

Dans une heure,

O spectacle saugrenu !

Comme Actéon le profane

Vit Diane,

Tu verras V.... tout nu !

On voit tout ce que calfate

La cravate,

Et son regard libertin

Appelle comme remède,

A son aide,

Héloïse Florentin !

Mais voyez le sybarite !
Il hésite
A finir ses doux ébats;
Toujours V.... se balance
En silence,
Et va murmurant tout bas :

« *Ah ! si j'étais en décembre*
» *A la chambre,*
» *J'étonnerais l'univers,*
» *Et je pourrais de mon ombre*
» *Faire nombre*
» *A côté de Monsieur Thiers !*

» *J'obtiendrais une recette*
» *Grassouillette*
» *Pour avoir bien ânonné;*
» *Et la sinécure molle,*
» *Qui console*
» *Des rigueurs de l'abonné !*

» *Je pourrais, sans que l'on presse*
» *Ma paresse,*
» *Ne plus aller voir Rachel,*
» *Et commençant une autre ère.*
» *Ne plus faire*
» *Le Constitutionnel !* »

Ainsi se parle en monarque
Et s'embarque
Dans un rêve délirant
Cet ancien apothicaire,
Qui sut faire
Eclore Le Juif-Errant !

Et cependant des coulisses
Ses complices
Vont tous prenant le chemin.
Voici leur troupe frivole,
Qui s'envole,
Cigare aux dents, stick en main !

En passant chacun s'étonne
Et chantonne,
Et lui dit sur l'air du Tra :
« *Oh ! la vilaine chenille*
» *Qui s'habille*
» *Si tard un soir d'opéra !* »

Avril 1846.

TRIOLET TROISIÈME.

NÉRAUT.

Le grand mérite de Néraut
Lui vaut un renom légitime.
La critique fait sonner haut
Le grand mérite de Néraut.
A Nérac, Néraut, en héraut,
Obtiendrait un succès d'estime.
Le grand mérite de Néraut
Lui vaut un renom légitime.

VILLANELLE DE BULOZ.

J'ai perdu mon Limayrac :
Ce coup-là me bouleverse
Je veux me vêtir d'un sac.

Il va mener en cornac
La Gazette du Commerce.
J'ai perdu mon Limayrac.

Mon Limayrac sur Balzac
Savait seul pleuvoir à verse.
Je veux me vêtir d'un sac.

Pour ses bons mots d'almanach
On tombait à la renverse.
J'ai perdu mon Limayrac.

Sans son habile mic-mac
Sainte-Beuve tergiverse.
Je veux me vêtir d'un sac.

Il a pris son havresac,
Et j'ai pris la fièvre tierce.
J'ai perdu mon Limayrac.

A fumer sans nul tabac
Depuis ce jour je m'exerce.
Je veux me vêtir d'un sac.

Pleurons, et vous de cognac
Mettez une pièce en perce !
J'ai perdu mon Limayrac
Je veux me vêtir d'un sac !

Octobre 1845.

TRIOLET QUATRIÈME.

TASSIN

Le beau Tassin en matassin
N'est pas de ceux dont on se fiche.
On n'habille pas sans dessein
Le beau Tassin en matassin.
On eût pris pour un faon, Tassin
Quand il figurait dans La Biche.
Le beau Tassin en matassin
N'est pas de ceux dont on se fiche.

VILLANELLE.

A MADEMOISELLE ***

A ce qu'on dit, Cidalise
Dansait hier aux Porcherons
Avec un homme d'église.

D'archers une troupe grise
Célébrait par vingt jurons,
A ce qu'on dit, Cidalise.

Ils voyaient, non sans surprise,
Le plus charmant des tendrons
Avec un homme d'église.

Si rien ne nous indemnise,
Sachez-le bien, nous croirons
A ce qu'on dit, Cidalise.

Faut-il, lorsqu'on est marquise,
Se mêler aux bonnets ronds
Avec un homme d'église?

La cour, qui se scandalise,
Vous ménage vingt affronts,
A ce qu'on dit, Cidalise.

Si le pape réalise
Mon vœu, nous vous marierons
Avec un homme d'église.

S'il ne se sécularise,
Alors, nous vous damnerons,
A ce qu'on dit, Cidalise.

Pour que l'on vous utilise,
Vous irez chez les Hurons
Avec un homme d'église.

Chez ce peuple, à votre guise
Vous gagnerez des chevrons,
A ce qu'on dit, Cidalise.

Vous ferez, sans mignardise,
Souche de hardis lurons
Avec un homme d'église.

Dans le cabaret de Lise
Ce soir nous vous rejoindrons,
A ce qu'on dit, Cidalise,
Avec un homme d'église.

Juin 1846.

TRIOLET CINQUIÈME.

MADEMOISELLE MICHONNET

Mademoiselle Michonnet
Est une actrice folichonne.
Autrefois chacun bichonnait
Mademoiselle Michonnet.
Le public qui la bouchonnait
Dans ses dents aujourd'hui mâchonne :
Mademoiselle Michonnet
Est une actrice folichonne.

Août 1845.

OCCIDENTALE TROISIÈME.

LA TRISTESSE D'OSCAR

Jadis le bel Oscar, ce rival de Lauzun,
Du temps que son habit vert-pomme était dans un
    Etat difficile à décrire,
Et qu'enfin ses souliers, vainqueurs du pantalon,
Laissant à chaque pas des morceaux de talon
    Poussaient de grands éclats de rire ;

Du temps que son coachman, pâle comme un navet,
Se recourbait en plis tortueux, et n'avait
    Plus de collet d'aucune sorte,
Aucun collet, pas même un collet né Révoil,
Et que son vieux chapeau, tout dépourvu de poil,
    Prenait des tons de colle-forte :

O misère ! du temps que tournant au lasting
Son pantalon, pareil aux tableaux de Drolling,
 Avait ce vernis dont tu lustres
Le gilet fabuleux de Fontbonne et son frac,
Le bel Oscar disait à Paulin Limayrac,
 Publiciste âgé de deux lustres :

« Dieux ! que ne suis-je assis dans le Palais-Bourbon !
» Quand pourrai-je appeler Ledru-Rollin : Mon bon !
 » Et dire en voyant Buloz : Qu'est-ce ?
» Et puis n'entendre plus dans quelque affreux recoin
» Ce monstre me crier : « Tu n'iras pas plus loin ! »
 » Quand je veux passer à la caisse.

» Ah ! Paulin, si j'avais de quoi payer le cens,
» Je connaîtrais aussi ces billets de cinq cents
 » Qui sont les pommes de nos Èves,
» J'aurais le rameau d'or qui dompte les tailleurs,
» Et je verrais enfin des chemises, ailleurs
 » Que parmi l'azur de mes rêves !

» *Oui ! je ferais remettre un verre à mon lorgnon !*
» *Paulin, j'échangerais ma panne et mon guignon*
    » *Contre l'aisance fantastique*
» *Du baron de Rotschild, et, gagnant à ce troc,*
» *Je peignerais alors mes moustaches en croc*
    » *Et j'y mettrais du cosmétique !*

» *Je dînerais chez Douix ! J'aurais des gants serins*
» *Pour poser au balcon des théâtres forains,*
    » *Et, profitant de son extase,*
» *J'abreuverais de luxe et de verres de rhum*
» *Une divinité, reine des Délass-Com.*
    » *De Montmartre ou du Petit-Laze !* »

Ainsi parlait Oscar, l'âme et les sens aigris,
Du temps qu'il arborait ces vastes chapeaux gris
    Empruntés à d'anciens fumistes,
Et que, plein d'amertume, il nettoyait ses gants
Avec ces procédés beaux, mais extravagants,
    Qui sont la gloire des chimistes.

Il parlait, et ses yeux imitaient des poignards.
Aujourd'hui, grâce aux voix de cinq cents montagnards
 Le voilà sorti de l'ornière,
Et Bignan le célèbre en d'officiels chants ;
C'est la rosette rouge et non la fleur des champs
 Qui fleurit à sa boutonnière.

Il rayonne, il est mis comme un notaire en deuil.
Et cependant toujours parmi l'or de son œil
 Brille une perle lacrymale ;
Il erre, les regards cloués sur les frontons,
Triste comme un bonnet, ou comme ces croûtons
 De pain, que recouvre une malle !

Quel rêve peut troubler ce moderne Samson,
Qui sur le nez des siens pose, comme l'ourson,
 Des discours carrés par la base,
Qui porte ses atours sur lui, comme Bias,
Et qui, dans les divers patois charabias,
 Éclipse Charamaule et Baze ?

Ah ! quelque fiel toujours gâte notre hydromel !
Oui, quelque chose encore attriste ce Brummel
  Qui, mettant chaque amour en cage,
Enfonçait les exploits du chevalier d'Éon !
Voilà ce qui l'embête : hier à l'Odéon
  Un voyou l'a pris pour Bocage !

Juin 1848.

CHANSON

SUR L'AIR DES LANDERIRY

Voici l'automne revenu.
Nos anges, sur un air connu,
  Landrirette,
Arrivent toutes à Paris,
  Landriry.

Ces dames, au retour des champs,
Auront les yeux clairs et méchants,
  Landrirette,
Le sein rose et le teint fleuri,
  Landriry.

(1) La rime par à peu près y est de tradition; voyez Voiture.

Mais celles qui n'ont pas quitté
La capitale pour l'été,
Landrirette,
Ont l'air bien triste et bien marri,
Landriry.

Nos Aspasie et nos Sontag
Se promènent au Ranelagh,
Landrirette,
Tristes comme un bonnet de nuit,
Landriry.

Elles ont vu fort tristement
La clôture du parlement,
Landrirette,
Leurs roses tournent en soucis,
Landriry.

Il est temps que plus d'un banquier
Quitte Le Hâvre ou Villequier,
Landrirette,
Car notre Pactole est tari,
Landriry.

Frison, Naïs et Brancador
Ont engagé leurs colliers d'or,
   Landrirette,
Et Souris n'a plus de mari,
   Landriry.

Mais voici le temps des moineaux;
Les vacances des tribunaux
   Landrirette,
Vont ramener l'argent ici,
   Landriry.

Car déjà, sur le boulevard,
On voit des habits de Stuttgard
   Landrirette,
Et des vestes de Clamecy,
   Landriry.

Tout cela vient avec l'espoir
D'aller à Mabille, et de voir
   Landrirette,
Les Saltimbanques, par Odry,
   Landriry.

Le matin, avec bonne foi,
Ils tombent au café de Foy,
  Landrirette,
Pour lire Le Charivari,
  Landriry.

Puis ils s'envont, à leur grand dam,
Acquérir sur la foi de Cham,
  Landrirette,
Des jaquettes gris de souris,
  Landriry.

Un Moulinois de mes cousins
Contemple tous les magasins,
  Landrirette,
Avec un sourire ébahi,
  Landriry.

Et déjà, son regard perçant
Guigne un cachemire au Persan,
  Landrirette,
Demain il en saura le prix,
  Landriry.

Il ira ce soir à Feydau.
Avant le lever du rideau,
   Landrirette,
Il s'écriera, : « C'est du Grétry,
   Landriry ! »

Courage Amours, même trop laids !
Demain les bijoux contrôlés,
   Landrirette,
Se placeront à juste prix,
   Landriry.

Bon appétit, jeunes beautés,
Qu'adorent les prêtres bottés
   Landrirette,
De Cypris et de Brididi,
   Landriry.

Vous allez guérir de rechef
Par l'or et le papier joseph,
   Landrirette,
Vos roses et vos lys flétris.
   Landriry.

Si vous savez d'un air vainqueur
Mettre sur votre bouche en cœur
Landrirette,
Les jeux, les ris et les souris,
Landriry.

Si vous savez, sans embarras,
Murmurer : « Je ne polke pas,
Landrirette, »
Vous allez gagner vos paris,
Landriry.

Vous allez avoir des pompons,
Des fleurettes et des jupons
Landrirette,
Comme en portait la Dubarry,
Landriry.

Vous aurez, comme en un sérail,
Plus de perles et de corail,
Landrirette,
Qu'un marchand de Pondichéry
Landriry.

Plus d'étoiles en diamant
Qu'il ne s'en trouve au firmament,
  Landrirette,
Ou dans un roman de Méry,
  Landriry.

Et cet hiver à l'Opéra,
Où quelqu' Amadis vous paiera,
  Landrirette,
Vous poserez pour Gavarni,
  Landriry.

Septembre 1846.

TRIOLET SIXIÈME.

Voulez-vous des Jeux et des Ris ?
On en tient chez Monsieur Guillaume.
Il fabrique rats et souris.
Voulez-vous des Jeux et des Ris ?
Il fournit le Bal de Paris,
Le Château-Rouge et l'Hippodrome.
Voulez-vous des Jeux et des Ris ?
On en tient chez Monsieur Guillaume.

Juillet 1846.

CHANSON

SUR L'AIR DES HIRONDELLES DE FÉLICIEN DAVID.

Spectateurs de Galoppe,
Chez vous il fait bien froid !
De peur qu'on vous éclope,
Jouez Le Misanthrope
Sans Geffroy !

Août 1847.

OCCIDENTALE QUATRIÈME.

LE FLAN DANS L'ODÉON

Avant que la brise adultère
Qui fait le charme des hivers,
N'émaille de recueils de vers
Les parapets du quai Voltaire ;
Avant que Chaumier Siméon
N'ait publié ses hexamètres,
Allez, allez, ô gendelettres,
Manger du flan dans l'Odéon !

Des journaux qui mettent leur liste
Dans l'Annuaire officiel,
Il n'en est pas qui sous le ciel
Soit plus embêtant que L'Artiste.

Messieurs Arthur, Jule et Léon
En sont les rédacteurs champêtres.
Allez, allez, ô gendelettres,
Manger du flan dans l'Odéon!

Il n'est pas de revue alpestre,
Pas de recueil ni de journal,
Soit chez Bertin ou Jubinal,
Où viennent, vers la Saint-Sylvestre,
Plus de ces chevaliers d'Éon
Moitié lorettes, moitié reîtres.
Allez, allez, ô gendelettres,
Manger du flan dans l'Odéon !

Nulle part, dans le ciel sans brise,
Les jeunes gens au cœur de feu
Ne regardent d'un œil plus bleu
La lune changer de chemise.
Ainsi la voyait Actéon
Faire la planche sous les hêtres.
Allez, allez, ô gendelettres,
Manger du flan dans l'Odéon !

De L'Artiste *la grande actrice*
Fut Asphodèle Carabas,
Carabas, qu'avec son cabas
Buloz guignait pour rédactrice.
Hélas ! changeant caméléon,
*L'*Artiste *lui tourne les guêtres.*
Allez, allez, ô gendelettres,
Manger du flan dans l'Odéon !

Un étranger vint à L'Artiste.
Jeune, avec un air ahuri.
Etait-ce un du Charivari,
Du Furet, *du* Feuilletoniste ?
Etait-il le Timoléon
Des Saint-Almes et des Virmaîtres ?
Allez, allez, ô gendelettres,
Manger du flan dans l'Odéon !

On ne savait. L'ange Asphodèle
Fit avec lui deux mille vers.
Les Vermots et les Mantz divers
Derrière eux tenaient la chandelle.

Ils jouaient de l'accordéon
Pour mieux accompagner ces mètres.
Allez, allez, ô gendelettres,
Manger du flan dans l'Odéon !

La lune était à la fin nue,
Et ses rayons, doux aux rimeurs,
Parmi le gaz des allumeurs
Découpaient en blanc sur la nue
Les chapiteaux du Panthéon
Pareils à de grands baromètres...
Allez, allez, ô gendelettres,
Manger du flan dans l'Odéon !

Mais contre Asphodèle rageuses,
Des bas-bleus, confits par Gannal,
Dans le salon vert du journal
Dansaient des polkas orageuses.
Les élèves de l'Orphéon
Leur chantaient Les Bœufs aux fenêtres.
Allez, allez, ô gendelettres,
Manger du flan dans l'Odéon !

On voit dormir au nid la caille
Qu'un vautour fauve lorgne en bas :
Telle s'endormait Carabas.
Le jeune homme au lorgnon d'écaille,
C'était le doux Napoléon
Citrouillard, l'un de nos vieux maîtres.
Allez, allez, ô gendelettres,
Manger du flan dans l'Odéon !

Voici bien une autre guitare !
Citrouillard, ce dandy sans foi,
La fit un jour, de par le Roi,
Rédactrice du Tintamarre *!*
Elle y traduit Anacréon
En vers de quatre centimètres.
Allez, allez, ô gendelettres,
Manger du flan dans l'Odéon !

Septembre 1846.

MÉDITATION

POÉTIQUE ET LITTÉRAIRE

On écrivait naguère, en ces temps romantiques
Où les chants de Ducis étaient des émétiques,
Où, sans pourpoint cinabre, on se voyait banni ;
Où Prudhomme, ventru comme une calebasse,
Etait jeté vivant dans une contrebasse
Pour avoir contesté les vers de Hernani.

On écrivait, tandis que maintenant on gèle.
Où sont les Antony, les Ruy-Blas, les Angèle,
    Et ces jours, morts hélas !
Où Frédérick, faisant revivre Aristophane,
Sous le mépris des sots et la robe d'un âne
    Cachait Tragaldabas !

On écrivait, au sein de l'antique Bohême
Où le chat de Mimi brillait sur le poème,
Où Schaunard éperdu, dédaignant tout poncif,
Si quelqu'un devant lui vantait sa pipe blonde,
Lui répondait : « J'en ai pour aller dans le monde
Une plus belle encore, » et devenait pensif.

Aujourd'hui Weill possède un bouchon de carafe,
Arsène a des maisons, Nadar est photographe,
    Véron maître-saigneur,
Fournier construit des bricks de papier, et les mâte,
Henri La Madelène a fait du carton-pâte :
    Lequel vaut mieux, Seigneur ?

Décembre 1856.

TRIOLET SEPTIÈME.

CRITIQUE D'ART

Sur les types de Fragonard
Ici je soutiens cette thèse.
Je ne verserai pas de nard
Sur les types de Fragonard.
Je n'aimai jamais l'épinard
Ni Fragonard! — J'en suis bien aise!
Sur les types de Fragonard
Ici je soutiens cette thèse.

Janvier 1846.

A UN AMI,

POUR LUI RÉCLAMER LE PRIX D'UN TRAVAIL LITTÉRAIRE.

Mon ami, n'allez pas surtout vous soucier
    De la lettre qu'on vous apporte ;
Ce n'est qu'une facture, et c'est un créancier
    Qui vient de sonner à la porte.

Parcourant sans repos, dernier des voyageurs,
    Les Hélicons et les Permesses,
Pour payer mes wagons, j'ai dû chez les changeurs
    Escompter l'or de vos promesses.

Vérité sans envers, que l'on nierait en vain..
    Car elle est des plus apparentes,
L'artiste ne peut guère, avec son luth divin,
    Réaliser assez de rentes.

Ainsi que la marmotte, il se sent mal au doigt
A force de porter sa chaîne :
Toujours il a mangé le matin ce qu'il doit
Toucher la semaine prochaine.

A moins qu'il soit chasseur de dots, et fait au tour,
Dieu sait quelle intrigue il étale
Pour ne pas déjeuner, plus souvent qu'à son tour,
Au restaurant de feu Tantale !

Moi qui n'ai pas les traits de Bacchus, je ne puis
Compter sur ma beauté physique.
Je suis comme la Nymphe auguste dans son puits :
Je n'ai que ma boîte à musique !

Ainsi, j'ai beau nommer l'Amour « my dear child, »
Etre un Saint-George à nos escrimes,
Et faire encor pâlir le luxe de Rotschild
Par la richesse de mes rimes.

Je ne saurais avec tous ces vers, que paiera
Buloz, s'il survit aux bagarres,
D'avance entretenir des filles d'Opéra,
Ni même acheter des cigarres.

Oui, moi que l'univers prendrait pour un richard,
Tant je prodigue les tons roses.
Je suis, pour parler net, semblable à Cabochard :
Je manque de diverses choses.

Le cabaret prétend que Crédit est noyé,
Et, si ce n'est chez les Osages,
Je m'aperçois enfin que l'argent monnoyé
S'applique à différents usages.

Je sais bien que toujours les cygnes aux doux chants,
Près des Lédas archiduchesses,
Ont fait de jolis mots sur les filles des champs
Et sur le mépris des richesses ;

Monsieur Scribe lui-même enseigne qu'un trésor
 Cause mille angoisses amères ;
Mais je suis intrépide : envoyez-moi de l'or,
 Je n'ai souci que des chimères !

Mars 1856.

TRIOLET HUITIÈME.

DU TEMPS QUE PILOU

POURSUIVAIT VAINEMENT ABD-EL-KADER.

Pilou veut prendre Abd-el-Kader :
A ce plan le public adhère.
Dans tout ce que l'Afrique a d'air,
Pilou veut prendre Abd-el-Kader.
Il voudrait le barricader,
Pour que cet aigle manquât d'aire !
Pilou veut prendre Abd-el-Kader.
A ce plan le public adhère.

Mai 1846.

OCCIDENTALE CINQUIÈME.

L'ODÉON

Le mur lui-même semble enrhumé du cerveau.
Bocage a passé là. L'Odéon, noir caveau,
    Dans ses vastes dodécahèdres
Voit verdoyer la mousse. Aux fentes des pignons
Pourrissent les lichens et les grands champignons
    Bien plus robustes que des cèdres.

Tout est désert. Mais non, suspendu, sans clocher,
Le grand nez de Lucas fend l'air comme un clocher.
    Trop passionné pour Racine,
Un pompier, dont le dos servait de point d'appui
A ce nez immoral, sans doute comme lui
    Dans le sol avait pris racine.

Ah! dit Mauzin touché de pareilles vertus,
Poète, pour calmer ces affreux hiatus
   Dont eût rougi même un cipaye,
Et pour te voir tordu par ce rire usité
Chez les hommes qu'afflige une gibbosité,
   Dis, que veux-tu que je te paye?

Que faut-il pour te voir plus gai que Limayrac?
Veux-tu que je te solde une cruche de rack?
   Dis, que te faut-il pour que rie
Ta prunelle d'azur, pareille à des saphirs,
Et pour voir tes cheveux s'envoler aux zéphyrs
   Comme les crins de Vacquerie!

Qui pourrait dissiper ton noir embêtement?
Te faut-il les gants bleus de Monsieur Nettement,
   Ou ce chapeau qui vient de Tarbe,
Le chapeau d'Almanzor, cet homme si barbu
Qu'un barbier peut à peine, à moins d'avoir trop bu,
   En quatre ans lui faire la barbe!

Pour sourire veux-tu le casque du pompier,
Plus brillant qu'un bonbon plié dans son papier
  Ou que cinq pièces d'une balle ?
Que veux-tu, rack, gants, feutre ou casque fait au tour ?
— Hélas vieux, dit Lucas, dit l'homme au nez d'autour,
  Il me faudrait une autre balle !

Juin 1848.

RONDEAU PREMIER.

ROLLE N'EST PLUS VERTUEUX

Que *l'Aurore* ait à son corsage
Cent mille fleurs pour entourage
Et teigne de rose le ciel,
Rolle dort comme un immortel,
Sans s'inquiéter davantage.

Mais que, sur sa lointaine plage,
L'Odéon donne un grand ouvrage,
Rolle s'y rend, plus solennel
   Que *l'Aurore*.

Ce facétieux personnage,

Dont, par un heureux assemblage,

Le patois traditionnel

Plaît au Constitutionnel,

Aime mieux voir lever Bocage

   Que l'Aurore.

Janvier 1846.

TRIOLET NEUVIÈME.

ÂGE DE M. PAULIN LIMAYRAC

Le jeune Paulin Limayrac
Est âgé de huit ans à peine.
Il est englouti dans son frac,
Le jeune Paulin Limayrac.
Il a beau boire de l'arack
Et prendre une mine hautaine,
Le jeune Paulin Limayrac
Est âgé de huit ans à peine.

Mai 1846.

RONDEAU DEUXIÈME

LISETTE.

Sa mère fut quarante ans belle.
Dans ses yeux la même étincelle
D'amour, d'esprit et de désir,
Quarante ans pour notre plaisir
Brilla d'une grâce nouvelle.

Le même éclat paraît en elle;
C'est par cela qu'elle rappelle
Notre plus charmant souvenir,
  Sa mère.

Elle a les traits d'une immortelle.
C'est Cypris dont la main attelle
A son chariot de saphir
Les colombes et le zéphyr;
Aussi l'enfant au dard l'appelle
   Sa mère.

Juin 1855.

OCCIDENTALE SIXIÈME.

BONJOUR, MONSIEUR COURBET

En octobre dernier j'errais dans la campagne.
Jugez l'impression que je dus en avoir :
Telle qu'une négresse âgée avec son pagne,
Ce jour là la Nature était horrible à voir.

Vainement fleurissaient le myrte et l'hyacinthe ;
Car au ciel, écrasant les astres rabougris,
Le profil de Grassot et le nez d'Hyacinthe
Se dessinaient partout dans les nuages gris.

Des baillements affreux défiguraient les antres,
Et les saules montraient, pareils à des tritons,
Tant de gibbosités, de goîtres et de ventres
Que je les prenais tous pour d'anciens barytons.

Les fleurs de la prairie, espoir des herboristes!
— Car ce siècle sans foi ne veut plus qu'acheter, —
Semblables aux tableaux des gens trop coloristes,
Arboraient des tons crus de pains à cacheter.

Et, comme un paysage arrangé pour des Kurdes,
Les ormes se montraient en bonnets d'hospodar;
C'étaient dans les ruisseaux des murmures absurdes,
Et l'on eût dit les rocs esquissés par Nadar!

Moi, saisi de douleur, je m'écriai : « Cybèle!
» Ouvrière qui fais la farine et le vin!
» Toi que j'ai vue hier si puissante et si belle,
» Qui t'a tordue ainsi, nourrice au flanc divin? »

Et je disais: « O nuit qui rafraîchis les ondes,
» Aurores, clairs rayons, astres purs dont le cours
» Vivifiait son cœur et ses lèvres fécondes,
» Étoiles et soleils, venez à mon secours! »

La Déesse, entendant que je criais à l'aide,

Fut touchée, et voici comme elle me parla :

« Ami, si tu me vois à ce point triste et laide,

» C'est que Monsieur Courbet vient de passer par là ! »

Et le sombre feuillage évidé comme un cintre,

Les gazons, le rameau qu'un fruit pansu courbait,

Chantaient : « Bonjour, Monsieur Courbet le maître peintre !

» Monsieur Courbet, salut ! Bonjour, Monsieur Courbet ! »

Et les saules bossus, plus mornes et plus graves

Que feu les écrivains du Journal de Trévoux,

Chantaient en chœur avec des gestes de burgraves :

« Bonjour Monsieur Courbet ! Comment vous portez-vous ? »

Une voix au lointain, de joie et d'orgueil pleine,

Faisait pleurer le cerf, ce paisible animal,

Et répondait, mêlée aux brises de la plaine :

« Merci ! Bien le bon jour, cela ne va pas mal. »

Tournant de ce côté mes yeux, — en diligence,
Je vis à l'horizon ce groupe essentiel :
Courbet qui remontait dans une diligence,
Et sa barbe pointue escaladant le ciel !

De mes odes plus tard ayant grossi les listes,
Et sur nos Hélicons vivant en zingaro,
J'ai composé ces vers, assez peu réalistes,
Pour un petit journal appelé Figaro.

Octobre 1855.

RONDEAU TROISIÈME.

ARSÈNE

Où sait-on mieux s'égarer deux, parmi
Les myrtes verts, qu'aux rives de la Seine?
Séduit un jour par l'enfant ennemi,
Arsène, hélas! pour lui quitta la saine
Littérature, et l'art en a gémi.

Trop attiré par les jeux de la scène,
Il soupira pour les yeux de Climène,
Comme un Tircis en veste de Lami-
    Housset.

Oh ! que de fois, œil morne et front blêmi,
Il cherche, auprès de la claire fontaine,
Sous quels buissons Amour s'est endormi !
Houlette en main, souriante à demi,
Plus d'une encor fait voir au blond Arsène
                    Où c'est.

TRIOLET DIXIÈME.

OPINION SUR HENRI DE LA MADELÈNE.

J'adore assez le grand Lama,
Mais j'aime mieux La Madelène.
Avec sa robe qu'on lama
J'adore assez le grand Lama.
Mais La Madelène en l'âme a
Bien mieux que ce damas de laine.
J'adore assez le grand Lama,
Mais j'aime mieux La Madelène.

Août 1850.

RONDEAU QUATRIÈME.

MADAME KELLER

Quel air limpide et quel rayon de flamme
A fait ce corps plus beau qu'une belle âme ?
Plus patient que les doigts du sommeil,
Quel blond génie avec son doigt vermeil
De cette neige a su faire une trame ?

Ses dents pourraient couper comme une lame
Les dents du tigre et de l'hippopotame,
Et son col fier à des lys est pareil.
      Quel air !

Ovide seul, dans un épithalame,
Eût pu monter la timide réclame
A la hauteur de ce corps de soleil;
Junon, Pallas, Vénus au bel orteil,
Même Betti, le cèdent à madame
Keller.

TRIOLETS.

MONSIEUR JASPIN

Connaissez-vous monsieur Jaspin
De l'Estaminet de l'Europe ?
Il a la barbe d'un rapin,
Connaissez-vous Monsieur Jaspin ?
Chevelu comme un vieux sapin,
Il aime la brune et la chope.
Connaissez-vous monsieur Jaspin
De l'Estaminet de l'Europe ?

Il sait hurler avec les loups
A l'Estaminet de l'Europe.
Son esprit pique ainsi qu'un houx,
Il sait hurler avec les loups.
Monsieur d'Onquaire en est jaloux,
Car on lui dit toujours : Galope !
Il sait hurler avec les loups
A l'Estaminet de l'Europe.

Décembre 1845.

RONDEAU CINQUIÈME.

ADIEU, PANIERS

Lyre d'argent, gagne-pain trop précaire,
Dont les chansons n'ont qu'un maigre salaire,
Je vous renie et je vous dis adieu.
Mieux vaut cent fois jeter nos vers au feu,
Et fuir bien loin ce métier de galère.

En vain, ma lyre, à tous vous saviez plaire;
Vous déplaisez à ce folliculaire
De qui s'enflamme et gronde pour un jeu
    L'ire.

Vous n'avez pas, hélas ! de caudataire.
Vous n'enseignez au fond d'aucune chaire
Le Japonais, le Sanscrit ou l'Hébreu.
Cédez, ma mie, à ce critique en feu
Dont les arrêts ne peuvent pas se faire
     Lire.

Novembre 1845.

TRIOLETS RYTHMIQUES.

LE DIVAN LEPELLETIER

Ce fameux divan est un van
Où l'on vanne l'esprit moderne.
Plus absolutiste qu'Yvan,
Ce fameux divan est un van.
Des farceurs venus du Morvan
Y terrassent l'hydre de Lerne.
Ce fameux divan est un van
Où l'on vanne l'esprit moderne.

Là, Guichardet, pareil aux dieux,
Montre son nez vermeil et digne.
Ici d'affreux petits Mayeux,
Là, Guichardet, pareil aux dieux.
Mürger prodigue aux curieux
De l'esprit à cent sous la ligne.
Là, Guichardet, pareil aux dieux,
Montre son nez vermeil et digne.

On voit le doux Asselineau
Près du farouche Baudelaire.
Comme un Moscovite en traîneau,
On voit le doux Asselineau.
Plus aigre qu'un jeune cerneau,
L'autre est comme un Gœthe en colère.
On voit le doux Asselineau
Près du farouche Baudelaire.

On y rencontre aussi Babou
Qui de ce lieu fait sa Capoue.
Avec sa plume pour bambou
On y rencontre aussi Babou.
A sa gauche un topinambou
Trousse une ode topinamboue.
On y rencontre aussi Babou
Qui de ce lieu fait sa Capoue

Près de l'harmonieux Stadler,
Flamboie encor La Madelène.
Emmanuel regarde en l'air,
Près de l'harmonieux Stadler.
Voillemot voit dans un éclair
Passer le fantôme d'Hélène.
Près de l'harmonieux Stadler.
Flamboie encor La Madelène.

Le divan près de l'Opéra
Est un orchestre de voix fausses.
On ne sait quel mage opéra
Le divan près de l'Opéra.
Ces immortels morts, on paiera
Pour contempler encor leurs fosses.
Le divan près de l'Opéra
Est un orchestre de voix fausses.

Septembre 1852.

RONDEAU SIXIÈME.

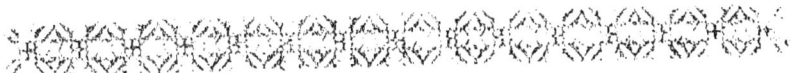

Rondeau charmant, où ma rime dorée
Vient célébrer une femme adorée,
Dis ses attraits dont s'affole chacun,
Et ses cheveux pleins d'un si doux parfum,
Qu'eût enviés la Grèce au temps de Rhée.

Dis les amours qui forment sa chambrée ;
Et dis surtout à notre muse ambrée
Que son éloge aurait valu mieux qu'un
                Rondeau !

Dis qu'en son nid, si cher à Cythérée,
Notre misère est souvent préférée
Au sac d'écus d'un Mondor importun,
Et que toujours, pour le poète à jeun
S'ouvrent les bras charmants de Désirée
                    Rondeau.

Septembre 1846.

ÉVOHÉ

NÉMÉSIS INTÉRIMAIRE (1).

SATIRE PREMIÈRE

ÉVEIL

Puisque la Némésis, *cette vieille portière*,
Court en poste, et regarde à travers la portière
Des arbres fabuleux faits comme ceux de Cham,
Laissons Chandernagor, Pékin, Bagdad ou Siam

(1) Rien de plus difficile que de faire comprendre après dix ans une plaisanterie parisienne. Autant vouloir transvaser cette essence de roses que Smyrne enferme dans des flacons bariolés d'or. Ici, ce sont les vivants qui vont le plus vite !

Posséder ses appas vieux comme Sainte-Thècle,
Et désabonnons-nous le plus possible au Siècle.
Ne pleure pas, public qui lis encor des vers.
Je ne te dirai pas : Les raisins sont trop verts,
Et, quant à s'en passer, je sais ce qu'on y risque ;
J'ai fait pour toi l'achat d'une jeune odalisque.
Celle qui part était infirme à force d'ans :
Elle boitait; la mienne a ses trente-deux dents,
L'œil vif, le jarret souple : elle est blanche, elle est nue,
Charmante, bonne fille, et de plus inconnue.

On ne l'a point oublié, en 1846, l'illustre collaborateur de notre Méry donnait au public une nouvelle Némésis, accueillie par Le Siècle, qui publiait régulièrement chaque dimanche une de ces belles satires. Après avoir accompli pendant long-temps son travail surhumain, M. Barthélemy, fatigué et souffrant, obtint un congé de quelques semaines. C'est alors qu'un petit journal de ce temps-là, La Silhouette (il est allé où va la feuille de laurier), inventa cette ironique et frivole Évohé pour remplir, prétendait-il, l'intérim de Némésis. Mais tout cela semble aujourd'hui s'être passé avant la guerre de Troie. O neiges d'antan !

Elle a le col de cygne et les trente beautés
Que la Grèce exigeait de ses divinités,
Et ce ne sont partout, sous sa robe qui pouffe,
Que cheveux d'or, que lys et que roses en touffe.
La voilà présentée, et, mon bras sous le sien,
Nous allons tous les deux, pareils au groupe ancien
D'une jeune bacchante agaçant un satyre,
Du mieux que nous pourrons jouer à la satire.
Nous savons, aussi bien que feu Barthélemy,
Sur la lyre à dix voix trouver l'ut et le mi.
Allons! Parmi les chants, les cris et la tempête,
O ma folle, ô ma muse, embouche ta trompette
Qui fouette les carreaux comme un clairon de Sax;
Sur ton front chevelu mets le casque d'Ajax,
Galope, et fais claquer sur les peaux les plus chères
Ton fouet et son pommeau ciselé par Feuchères!

Lesbienne rêveuse, éprise de Philis,
Tu n'as pas, il est vrai, célébré S.......,
Ni fait de Giraudeau ton souteneur en titre;
Ni, dans des vers gazés qui font rougir un pitre,
Fait éclore, en prenant la flûte et le tambour,

Un édit paternel pour les filles d'amour;
Ni, comme l'Amphion de ces pignons godiches,
Fait surgir à ta voix les colonnes-affiches.
Mais enfin, c'est par toi qu'un jour le Triolet
Ressuscita des morts et resta ce qu'il est,
Et pour mieux mettre à vif nos modernes Linière,
Devint une épigramme aiguisée en lanière;
On a su par toi seule, en ce Paris élu,
Ce que valent Néraut, Tassin et Grédelu;
Sur ton rondeau, tel barde, imprimé vif chez Claye,
S'est vu traîner vivant comme sur une claie,
Et par toi ce bel âge apprit, en même temps,
Qu'un nouvel Archiloque est âgé de huit ans.

Vois, le siècle est superbe, et s'offre au satirique :
Géronte dans le sac attend les coups de trique,
Et sera trop heureux, Muse aux regards sereins,
Si tu lui fais l'honneur de lui casser les reins.
Regarde autour de toi ces mille nids d'insectes
Qui fourmillent en paix dans des fanges suspectes,
Et que tu vas fouler aux pieds de ton coursier!
Messaline, ta sœur, l'amante aux bras d'acier,

De qui trois cents Romains composaient l'ordinaire,

Ne serait aujourd'hui qu'une pensionnaire,

Et pourrait concourir pour le prix de vertu.

Les nôtres ont un Claude imbécille et tortu,

Qui, toujours généreux au degré nécessaire,

Pour les faire oublier donne tant par ulcère.

Quelle est la Cléopâtre à trois cents francs par mois,

Dont l'Antoine en gants blancs, venu de l'Angoumois,

N'ait pas tous les huit jours quelques perles à fondre?

Lorsqu'Antoine est mangé, Cléopâtre vers Londre

Vole comme un oiseau sur l'aile du steamer,

Et, de Waterloo-Road affrontant la rumeur,

Puise à ces fonds secrets que, pour ses amourettes,

La perfide Albion avance à nos lorettes.

Demande au soleil d'or, qui mûrit les cotons,

Combien notre Opéra, refuge de gotons,

En dévore en un soir pour un ballet féerique;

Et demande à Sapho, la Lélia lyrique,

Dont la lèvre du vent rougit les froids appas,

Si, par quelque hasard, elle ne saurait pas

Quels timides aveux et quelles confidences,

Au mépris de l'archet enragé pour les danses,
Nos petites Laïs, dans les coins hasardeux,
Au bal Valentino chuchotent deux à deux?

Alcippe a le renom d'un homme littéraire.
Il gagne peu d'argent. Est-il pauvre? Au contraire.
Sa femme, une poupée aux petits airs souffrants,
En cailloux de princesse a deux cent mille francs,
Et, dès le grand matin, porte pour ses sorties
Des bottines de soie en couleurs assorties
A la robe du jour. Alcippe a deux landaus
Et de petits habits qui plissent sur le dos;
Madame a son lundi; c'est un groom en livrée
Qui porte à la Revue, à bon droit enivrée,
Les tartines d'Alcippe, et ces époux profonds
Ont leur loge au Gymnase et leur loge aux Bouffons.
Alcippe, homme de goût, poète et dramatiste,
Est un original extrêmement artiste;
Il croit sincèrement devoir à son travail
Les dollars que Madame a trouvés en détail
Sous les petits coussins d'une amie un peu mûre,
Dont pour aucun de nous le boudoir ne se mure.

Si pourtant le mari, que favorise un dieu,

Veut s'étonner, Madame, en souriant un peu,

Répond qu'elle a gagné cet argent à la Bourse

En peut-on à ce point méconnaître la source!

L'ange des actions que chacun invoquait,

Manque à présent de tout, ainsi que Bilboquet;

Et la Bourse où Madame a gagné, c'est la nôtre:

C'est la maigreur des uns qui fait un ventre à l'autre.

Damon... Mais à quoi bon fatiguer votre voix!

Muse, n'essayons pas de peindre en une fois

Les immoralités de ce siècle bizarre

Nous en avons de reste au quartier Saint-Lazare,

Pour remplir largement trois mille feuilletons.

Tant de taureaux de Crète et de serpents Pythons

Se dressent à l'envi dans ce grand marécage,

Que nous demanderons du temps pour mettre en cage

Ces monstres de féerie, et pour bien copier

Leurs langues de drap rouge et leurs yeux de papier.

Voyez les auvergnats, les pairs, les gens de lettres,

Les Tom-Pouces âgés de quatre centimètres,

Le lézard-violon, le hanneton-verrier,

Le café de maïs, l'annonce Duveyrier,

Le journal vertueux, Aimé, dentiste équestre,

Et là bas Mirliton qui s'érige en orchestre!

Hilbey! Carolina! Toussenel! le guano!

Et Mangin! et Clairville! et maître Chicoisneau!

Et la Bourse! et Madrid! et l'Odéon! et Rolle!

Et le nez de Guttiere! et Buloz! et l'École

Du Bon-Sens! et le Bal des Chiens! et le Journal

Des Chasseurs! Janin même, aidé de Juvénal,

Y perdrait son latin. Voyez, Mademoiselle,

Ce qui vous reste à faire, et déployez du zèle.

Quand, rouge de plaisir et les yeux étoilés,

Ton cheval et ton casque au vent échevelés,

On te verra courir, ô Muse jeune et folle!

Les critiques eux-mêmes, et les plus vieux, et Rolle,

Te suivront d'un regard lascif, ô mes amours!

Oubliant qu'ils sont vieux et le furent toujours!

Novembre 1846.

SATIRE DEUXIÈME.

Bonsoir, chère Evohé. Comment vous portez-vous ?
Vous arrivez bien tard ! comme vos yeux sont doux,
Ce soir ! deux lacs du ciel ! et la robe est divine.
Quel écrin ! vous aimez Diaz, on le devine.
Vos poignets amincis sortent comme des fleurs
De cette mousseline aux replis querelleurs ;
Ce col simple est charmant, ce chapeau de peluche
Blanche, ce tour-de-tête avec son humble ruche,
Vous donnent, ma déesse, un air tout virginal,
Et chez vous Gavarni complète Juvénal.
Votre joue amoureuse a le duvet des pêches,

Il vous demandera les cils de cet œil noir.
Quel dommage qu'il soit déjà samedi soir,
Et qu'il faille chanter, ô ma muse folâtre !
Car je vous aurais dit : « Le feu brille dans l'âtre,
» La verte salamandre y sautille en rêvant ;
» Laissons tomber la pluie et soupirer le vent,
» Car les sophas sont doux loin des regards moroses,
» Et nos verres de vin sont pleins de rayons roses. »
   Mais Karr seul peut flâner aux grèves d'Etretat.
Un Dieu ne nous fit pas ces loisirs : notre état,
C'est de fouetter au sang, comme Croquemitaine,
Tous les petits vauriens, sans prendre de mitaine.
Nous leur faisons bien peur ! Heureusement je vois
Que mon Croquemitaine, avec sa grosse voix,
Avale à belles dents les bonbons aux pistaches,
Porte des bas à jours et n'a pas de moustaches.
La moustache irait mal avec sa douce peau.
Mais nous perdons du temps ! Jetez là ce chapeau,
La robe, les jupons ; tirez cette baleine,
Ce bas de cachemire avec sa blanche laine,
Et ces boucles d'oreille et ce petit collier.

Il faut, ma chère enfant, vous mettre en cavalier.
Nous allons dans un lieu sauvage où, sur mon âme,
L'on est fort exposée en costume de femme.
Passez ce pantalon et ces bottines, qui
Viennent de chez Renard et de chez Sakoski ;
Cachez votre beau sein dans un gilet bien juste.
Ce frac va déguiser tous les trésors du buste.
Bien. Maintenant, prenez, comme les plus ardents,
Le twine sur le bras et le cigarre aux dents ;
Faites mordre à propos, par l'épingle inhumaine
Vos cheveux d'or. C'est tout. Venez, et Dieu nous mène !

 Le Tartare des Grecs, où le cruel Typhon
Les cent gueules en feu paraît encor bouffon ;
Tobolsk, la rue aux Ours, qui plaît aux réalistes,
L'Enfer, où pleureront les matérialistes,
La Thrace aux vents glacés, le mont Hymalaïa,
L'hôtel des Haricots, Saint-Cloud, Batavia,
Mourzouk, où l'on rôtit l'homme comme une dinde,
Les mines de Norwège et les grands puits de l'Inde.
Asiles du serpent et du caméléon,
 L'Etna, Botany-Bey, l'Islande et l'Odéon

Sont des endroits charmants et des pays du Tendre,

A côté de l'endroit où nous allons nous rendre.

Nulle part, fût-ce même au fond de la Cité,

L'Impudeur, la Débauche et la Lubricité,

La Luxure au front blanc creusé de cicatrices,

Et le Libertinage avec ses mille vices,

Ne dansèrent en chœur ballets plus triomphans !

C'est ce que l'on appelle un Théâtre d'Enfans.

Figure-toi, lecteur, une boîte malsaine ;

Des lauriers de papier couronnent l'avant-scène,

Et vous voyez se tordre avec un air moqueur

Des camaïeus bleu-tendre à soulever le cœur.

Quatre violons faux grincent avec la flûte,

La clarinette beugle, et dans leur triste lutte,

Le cornet à piston survient tout essoufflé,

Comme un cheval boiteux pris dans un champ de blé,

Et qui, les yeux hagards, s'enfuit avec démence.

Mais le rideau se lève et la pièce commence.

Des petits malheureux, affublés d'oripeaux,

Infirmes, rabougris, et suant dans leurs peaux,

Récitent une prose à crier : « A la garde ! »

Et brament des couplets d'une voix nasillarde.
Le scrofule a détruit les ailes de leur nez ;
Leur joue est molle, et tombe en plis désordonnés,
Les yeux tout chassieux prennent des tons d'absinthe,
Et l'épine dorsale a l'air d'un labyrinthe.
Ils sautent au hasard comme de petits faons.
Vous homme simple et bon, rien qu'à voir ces enfans
Estropiés sans doute et battus par leurs maîtres,
Vous les plaignez déjà, ces pauvres petits êtres !
Mais un monsieur bien mis, un abonné du lieu,
Qui hante la coulisse et fait le Richelieu,
Vous apprend que ces nains, dont la race fourmille,
Ont cinquante ans et sont des pères de famille.
Ils grisonnent ; ils sont comme vous, chers lecteurs,
Gardes nationaux, poètes, électeurs,
Et portent des faux-cols; c'est le vice précoce
Qui les a desséchés comme un pois dans sa cosse ;
Leur femme, déjà vieille, élève un rossignol,
Et l'un d'eux est orné de quelqu'Ordre Espagnol.

A ces mots, voyant clair dans ce honteux arcane,
Honnête citadin, vous prenez votre canne,

Et le sage parti, trois fois sage en effet,
De fuir en maudissant le maire et le préfet,
A moins que comme nous, aimant l'allégorie,
Vous ne restiez pour voir la fantasmagorie.
C'est un spectacle heureux et d'un effet hardi.
Il ne vous montre pas la lune en plein midi,
Mais il donne le droit d'éteindre les chandelles.
L'amour est libre alors, et vole à tire d'ailes,
Et l'on peut souhaiter un endroit écarté
Où de n'être pas chaise on ait la liberté.
Serrez-vous contre moi, chère Evohé, ma muse !
Voici l'heure où bientôt l'habit qui les abuse
Va devenir utile, abominablement.
Trois fois heureux encor si ce déguisement,
A dessein médité pour ce moment critique,
Peut éloigner de vous ce public éclectique !
Donc, à ces cris que pousse en mourant la vertu,
Honteuse de mourir sans avoir combattu,
Au bruit de ces soupirs qu'un faible écho répète,
Sauvons-nous au hasard sans tambour ni trompette !

Allons chez nous, ma mie, ô ma Muse à l'œil bleu !

Et, la main dans la main, lisons au coin du feu,
Cependant qu'au dehors le vent siffle et détone,
Les Chants du Crépuscule *et* Les Feuilles d'Automne.

Car, tandis que là-bas, l'enfance, sous le fouet,
A de honteux vieillards sert de honteux jouet,
Il est doux de revoir, dans les odes écloses,
Les beaux petits enfants sourire avec les roses,
Et la mère au beau front pour ce charmant essaim
Répandre sans compter les perles de son sein ;
Et d'écouter en soi chanter avec les heures
L'harmonieux concert des voix intérieures !

Décembre 1845.

SATIRE TROISIÈME.

L'OPÉRA TURC

hère Évohé, voici le carnaval qui vient,
Et l'on danse à la fin du mois, s'il m'en souvient.
Je voulais vous montrer une chose divine,

Un domino charmant que Gavarni dessine,
Une surprise, enfin ! Pourquoi venir le soir ?
Nous n'avons même pas le temps de nous asseoir.
Quand j'aurais, pour rester sur ces divans sublimes,
Encor plus de raisons que vous n'avez de rimes !
Il faut partir. Prenez votre châle, Évohé.
Si je ne vous savais un cœur très-dévoué,
Et de l'esprit à flots, si vous étiez bégueule,
Je vous aurais prié de rester toute seule ;
Car je crois qu'il s'agit d'aller encore un coup
Attaquer un défaut que vous avez beaucoup.
Vous voyez trop souvent votre amie au King's Charle
Et je vous vois rougir chaque fois que j'en parle !

Tortille tes cheveux avec des tresses d'or,
O ma Muse, et volons sur l'aile d'un condor
Jusqu'au pays féerique où les blanches sultanes
Baignent leurs corps polis à l'ombre des platanes,
Et s'énivrent le cœur aux chansons du harem
Sous les rosiers de Perse et de Jérusalem,
Tandis qu'en souriant, les esclaves Tartares
Arrachent des soupirs à l'âme des guitares.

Il était à Stamboul un théâtre enchanteur,
Dont le Sultan lui-même était le directeur :
La Musique et ses voix, l'altière Poésie,
Les danses de l'Espagne et de la molle Asie
Enchantaient, à souhait pour l'extase des sens,
Ce palais ébloui de feux resplendissants.
Or, le Sultan, naguère, en ses jours d'allégresse,
Avait dormi longtemps chez les filles de Grèce,
Et, versant des parfums sous le ciel embaumé,
Ainsi que Madeleine avait beaucoup aimé.
Mais quand l'âge de glace eut fondu cette lave,
Il fut, à son hiver, l'esclave d'une esclave
Qui lui chantait le soir de doux airs espagnols,
D'une voix douce à faire envie aux rossignols.
Elle avait les langueurs des filles de la Gaule.
Soit qu'elle soupirât la Romance du Saule,
Ou quelque chant d'amour plaintif et singulier,
Sous l'habit provoquant d'un jeune cavalier.

Mais sa pourpre, fatale aux amours des captives,
Buvait le sang vermeil des blanches et des juives,
Et ses regards emplis de force et de douceur,

Demandaient chaque mois la tête d'un danseur.
Lorsque la favorite, avec ses airs de reine,
Apparaissait, portant la couronne sereine
Dont les lys enflammés ruisselaient en marchant,
Tout le peuple ébloui du Ballet et du Chant
Tremblait devant son doigt noyé dans la dentelle.
Un seul avait trouvé sa grâce devant elle,
Ardent comme un lion ou comme le simoun,
Un habile chanteur qu'on appelait Medjnoun.
Or, ce jeune homme avait la perle des maîtresses.
Une blanche houri qui, par ses longues tresses,
Jetait aux quatre vents tous les parfums d'Ophir,
Paupière aux sourcils noirs, prunelles de saphir,
Gazelle pour la grâce indolente des poses,
Nourmahal, dont la lèvre enamourait les roses.

Medjnoun se demandait quel ange au firmament
Avait fondu pour lui des cœurs de diamant,
Lorsque, par une nuit claire d'astres sans nombre,
Errant par les sentiers du jardin comme une ombre,
Près d'un kiosque doré, que les pâles jasmins
Et les lys aux yeux d'or entouraient de leurs mains,

Et sur lequel aussi dormaient dans la nuit brune
Les blancs rosiers baignés des blancs rayons de lune,
Par la fenêtre ouverte il entendit deux voix.
L'une disait (c'était la favorite) : « Oh ! vois,
» Ma Nourmahal ! jamais le cœur des jeunes hommes
» Ne s'attendrit; mais nous, ma chère âme, nous sommes
» Douces; nos longs cheveux sur nos seins endormis
» Ont l'air en se mêlant de deux fleuves amis;
» Les rayons de la nuit argentent nos pensées,
» Lorsque dans un hamac mollement balancées,
» Entrelaçant nos bras, nous chantons deux à deux,
» Ou que, nous confiant à des flots hasardeux,
» Et laissant l'eau d'azur baiser nos gorges blondes,
» Nous en dérobons l'or sous la moire des ondes. »
La favorite alors, les yeux noyés de pleurs,
Voyait, à chaque mot, éclore mille fleurs
Sur le sein de l'enfant rougissante et sans voiles,
Et, le regard perdu dans ses yeux pleins d'étoiles
Comme les océans du ciel oriental,
Était agenouillée aux pieds de Nourmahal,
Et Nourmahal honteuse, au bout de chaque phrase,

Ramenait sur son cou sa tunique de gaze.
— « Permettez, dit Medjnoun, entrant à la Talma,
» Qu'ici je vous salue, et que j'emmène ma
» Maîtresse; il se fait tard et notre chambre est prête. »
Medjnoun fut le jour même admis à la retraite.

O frères de Don Juan ! dompteurs des flots amers,
Qui déchirez la perle au sein meurtri des mers,
Vous dont l'ardente lèvre eût bu jusqu'à la lie
Les mystères sacrés de Gnide et d'Idalie,
Avec vos doigts sanglants fouillez l'œuvre de Dieu,
Et vous ne trouverez jamais, sous le ciel bleu,
Si chaste lèvre, encor pleine de fleurs mi-closes,
Dont la pâle Amitié n'ait effeuillé les roses !

Toi qui, depuis long-temps avec ton pied vainqueur,
As foulé pas à pas les replis de mon cœur,
Blonde Évohé ! tu sais si j'aime le théâtre.
Polichinelle seul peut me rendre idolâtre,
Et, lorsque nous prenons des billets au bureau,
C'est pour voir par hasard, Giselle ou Déburau.
Pour la grande musique, elle est notre ennemie :
Les lauriers sont coupés et J'aime mieux ma mie,

Avec la Kradoudja, *suffisent à nos vœux,*
Et le moindre trio fait dresser nos cheveux.
Eh bien! ma pauvre fille, il faut parler musique!
La basse foudroyante et le ténor phthisique
Nous font l'œil en coulisse et demandent nos vers;
Duègne au nez de rubis, ingénue aux bras verts,
Ciel rouge, galonné de quinquets pour la frange,
Il faut décrire tout, jusqu'aux arbres orange.
La clarinette aspire à des canards écrits,
Et le bugle naissant nous réclame à grands cris.

Donc, samedi prochain, nous dirons à l'Europe
Comment tombe le cèdre au niveau de l'hysope,
Et comment, et par quels joueurs d'accordéon,
L'Opéra, devenu pareil à l'Odéon,
A vu, depuis trois ans, aux stalles dédaignées,
S'empiler en monceau les toiles d'araignées;
Et comment il a fait, pour trouver un ténor,
Des voyages plus longs que tous ceux d'Anténor.

Après tous nos malheurs et ton frac mis en loques,
Tu dois haïr Thalie et toutes ses breloques;
Mais si tu peux encor me suivre sans frémir,

Je te promets ce soir ce bijou de Kashmir
Qu'un faible vent d'été ride comme les vagues,
Et qui passe au travers des plus petites bagues.

Décembre 1845.

SATIRE QUATRIÈME.

ACADÉMIE ROYALE DE MUSIQUE.

O *Parnasse lyrique! Opéra! palais d'or!*
Salut! L'antique Muse, en prenant son essor,
Fait traîner sur ton front ses robes sidérales,
Et défiler en chœur les danses sculpturales.
Peinture! Poésie! arts encor éblouis
Des rayons frissonnants du soleil de Louis!
Musique, voix divine et pour les cieux élue,
O groupe harmonieux, Beaux-Arts, je vous salue!

O souvenirs ! c'est là le théâtre enchanté
Où Molière et Corneille et Mozart ont chanté.
C'est là qu'en soupirant la Mort a pris Alceste ;
Là, Psyché, toute en pleurs pour son amant céleste,
A croisé ses beaux bras sur le rocher fatal ;
Là, naïade orgueilleuse aux palais de cristal,
Versailles, reine encore, a chanté son églogue ;
Là, parmi les détours d'un charmant dialogue,
Angélique et Renaud, Cybèle avec Atys
Ont cueilli la pervenche et le myosotis,
Et la Muse a suivi d'un long regard humide
Les amours d'Amadis et les amours d'Armide.

Là, Gluck avec Quinault, Quinault avec Lulli
Ont chanté leurs beaux airs pour un siècle poli :
Là, Rossini, vainqueur des lyres constellées,
Fit tonner les clairons de ses grandes mêlées,
Et fit naître à sa voix ces immortels d'hier,
Ces vieux maîtres : Auber, Halévy, Meyerbeer.

C'est là qu'Esméralda, la danseuse Bohême,
Par la voix de Falcon nous a dit son poème,
Et que chantait aussi le cygne abandonné

Dont le suprême chant ne nous fut pas donné.

Ici Taglioni, la fille des Sylphides,

A fait trembler son aile au bord des eaux perfides,

Puis la Danse fantasque auprès des mêmes flots

A fait carillonner ses grappes de grelots.

O féerie et musique ! ô nappes embaumées

Qu'argentent les willis et les pâles almées !

O temple ! clair séjour de la danse et du luth !

Parnasse ! Palais d'or ! Grand Opéra, salut !

    Le cocher s'est trompé. Nous sommes au Gymnase.

Un peuple de bourgeois, nez rouge et tête rase,

Etale des habits de Quimper-Corentin.

Un notaire ventru saute comme un pantin,

Auprès d'un avoué chauve, une cataracte

D'éloquence ; sa femme est verte et lit L'Entr'acte.

Elle arbore de l'or et du strass à foison,

Et renifle, et sa gorge a l'air d'une maison.

Auprès de ce sujet, dont la face verdoie,

S'étalent des cous nus, pelés comme un cou d'oie

Plumée ; et, pêle-mêle, au long de tous ces bans

Traînent toute l'hermine et tous les vieux turbans

Qui, du Rhin à l'Indus, aient vieilli sur la terre.
J'apprends que l'un des cous est fille du notaire.

   O ciel ! voici, parmi ces gens à favoris,
Un vieux monsieur qui porte un habit de Paris.
Il a l'air fort honnête et reste bouche close ;
Adressons-nous à lui pour savoir quelque chose.
C'est une occasion qu'il est bon de saisir.

MOI.

Monsieur, voudriez-vous me faire le plaisir
De me dire quels sont ces cous d'oie et ces hommes
Jaunes, et dans quel lieu de la terre nous sommes ?
Je me suis égaré, cette dame est ma sœur.
Où suis-je ?

LE MONSIEUR QUI A L'AIR HONNÊTE.

   A l'Opéra.

MOI.

            Vous êtes un farceur !

LE NOTAIRE VENTRU.

Oui, biche, le rideau que tu vois représente
Le roi Louis quatorze en seize cent soixante
Douze. Il portait, ainsi que l'histoire en fait foi,
Une perruque avec des rubans. Le Grand-Roi,
Entouré des seigneurs qui forment son cortège,
Donne à Lulli, devant sa cour, le privilège
De l'Opéra, qu'avait auparavant l'abbé
Perrin.

UN DES COUS.

Papa, je crois que mon gant est tombé.

LE NOTAIRE VENTRU.

Ça se nettoie avec de la gomme élastique.

L'AVOUÉ.

Oui, madame, j'assigne, et voilà ma tactique.

UN AVOCAT.

On l'appelait au Mans maître Pichu minor
Et moi maître Pichu major.

UN COLLÉGIEN.

J'avais du nord....

UN LAMPISTE A LUNETTES D'OR.

Silence!

LE BATON DU RÉGISSEUR.

Pan! Pan! Pan!

L'AVOUÉ.

Je ne suis pas leur dupe!

SECOND COU.

Maman, ce mirliflor veut s'asseoir sur ma jupe.

LA DAME VERTE.

Pince-le.

LE NOTAIRE VENTRU.

Je ne sais où sera le nouvel Opéra. C'est, dit-on, à l'ancien que Louvel..

L'ORCHESTRE.

Tra, la, la, la, la; ta, la, la, la, lère.

MOI.

Qu'est-ce
Que ce bruit-là, Monsieur? qu'a donc la grosse caisse
Contre ces violons enrhumés du cerveau?
Et pourquoi préluder à l'opéra nouveau
Par J'ai du bon tabac?

LE MONSIEUR QUI A L'AIR HONNÊTE.

Monsieur, c'est l'ouverture
De Guillaume Tell.

MOI.

Ah !

L'AVOCAT.

Madame, la nature
De la pomme de terre est d'aimer les vallons.
Elle atteint dans le Puy la grosseur des melons.

PREMIER COU.

Mon corset me fait mal.

M. CANAPLE SUR LA SCÈNE.

« Il chante et l'Helvétie

Pleure sa liberté! »

L'AVOCAT.

Que la démocratie

S'organise, on verra tous les partis haineux

Fondre leurs intérêts.

CHOEUR GÉNÉRAL SUR LA SCÈNE.

« Célébrons les doux nœuds! »

SECOND COU.

Mon cothurne est cassé.

M. DON JUAN DANS LA LOGE INFERNALE.

Veux-tu nous aimer, Gothe?

Soupons-nous à l'Anglais?

Mlle GOTHE SUR LA SCÈNE.

Non, c'est une gargote.

CHOEUR DES SUISSES SUR LA SCÈNE.

« Courons armer nos bras! »

UN TRIANGLE ÉGARÉ.

Ktsin !

UNE CLARINETTE RETARDATAIRE.

Trum !

CHOEUR DE FEMMES SUR LA SCÈNE.

« Toi que l'oiseau
Ne suivrait pas ! »

L'AVOUÉ.

*Monsieur, ma femme est un roseau
Pour la douceur.*

UN VIOLON MÉCHANT.

Vzrumz ! Vzrumz !

M. ARNOUX SUR LE THÉATRE.

Hou ! hou !

M. OBIN SUR LE THÉATRE.

Tra, tra.

PREMIER COU.

*Titine,
Le monsieur met son pied le long de ma bottine.*

M. ARNOUX SUR LE THÉATRE.

La hou, la hou, la ha.

M. OBIN SUR LE THÉATRE.

Tra trou, trou tra, trou, trou !

LE NOTAIRE VENTRU.

Monsieur, que pensez-vous du Genest *de Rotrou ?*

CHOEUR DES SUISSES SUR LA SCÈNE.

« Le glaive arme nos bras ! »

L'AVOUÉ.

Mais ! la pièce est baroque
Ce n'est plus tout-à-fait dans les mœurs de l'époque.
Elle aurait eu besoin d'un bon coup de ciseau.

LE NOTAIRE VENTRU.

Hum ! c'est selon.

M. ARNOUX SUR LE THÉATRE.

Hou ! hou !

M. OBIN SUR LE THÉATRE.

Tra ! tra !

CHŒUR DE FEMMES SUR LA SCÈNE.

« Toi que l'oiseau !.. »

CHŒUR DE FEMMES SUR LA SCÈNE.

« Toi qui n'es pas. . »

M. ARNOUX SUR LE THÉATRE.

Hou ! Hou !

M. OBIN SUR LE THÉATRE.

Tra ! tra !

LA DAME VERTE.

J'ai chaud aux joues.

LE TRIANGLE ÉGARÉ.

Ktsin !

LA CLARINETTE RETARDATAIRE.

Trum !

LE NOTAIRE VENTRU.

*Bibiche, c'est le morceau que tu joues
Sur ton piano.*

PREMIER COU.

Çà ?

L'AVOUÉ.

*J'ai dit à Ducluzeau
Ce que c'est que l'affaire.*

M. ARNOUX SUR LE THÉATRE.

Hou ! hou !

CHOEUR DE FEMMES SUR LA SCÈNE.

« Toi que l'oiseau !... »

※

*ma blonde Évohé, ma muse au chant de cygne,
Regarde ce qu'ils font de ce théâtre insigne.*

Oh pudeur! autrefois, dans ces décors vivants

Où l'œil voyait courir le souffle ailé des vents,

L'eau coulait en ruisseaux dans les conques de marbre,

Et le doigt du zéphir pliait les feuilles d'arbre.

L'orchestre frémissant envoyait à la fois

Son harmonie à l'air comme une seule voix ;

Tout le corps de ballet marchait comme une armée :

Les déesses du chant, troupe jeune et charmée,

Belles comme Ophélie et comme Alaciel,

Avaient dans le gosier tous les oiseaux du ciel ;

La Danse laissait voir tous les trésors de Flore

Sous les plis des maillots, vermeils comme l'aurore ;

C'était la vive Elssler, ce volcan adouci,

Lucile et Carlotta, celle qui marche aussi

Avec ses pieds charmants, armés d'ailes hautaines,

Sur la cime des blés et l'azur des fontaines.

L'audace d'une femme, arrêtant ce concours,

A remis une bande au bas des jupons courts

Et plongé les ténors au sein de la banlieue.

   Cruelle Eris! déesse à chevelure bleue,

Déesse au dard sanglant, déesse au fouet vainqueur,

Change mon encre en fiel ; mets autour de mon cœur
L'armure adamantine, et, dans mon front, évoque,
Mètre de clous armé, l'iambe d'Archiloque !
L'iambe est de saison, l'iambe et sa fureur,
Pour peindre dignement ces spectacles d'horreur
Et les sombres détails de ce cloaque immense.
Vous, Mesdames, prenez vos flacons, je commence.

Un fantôme d'Habneck, honteux de son déchet,
Agite tristement un fantôme d'archet ;
L'harmonieux vieillard est quinteux et morose :
Il est devenu gai comme Louis Monrose.
Ses violons fameux, que l'on voyait, dit-on,
Pleins d'une ardeur si noble obéir au bâton,
L'archet morne à présent et la corde lâchée,
Semblent se conformer à sa mine fâchée ;
Et tout l'orchestre, avec ses cuivres en chaudrons,
Ainsi qu'un vieux banquier poursuivant les tendrons,
Ou qu'un vers enjambant de césure en césure,
Lui-même se poursuit de mesure en mesure.

La musique sauvage et le drôle de cor
Qui guide au premier mai la famille Bouthor ;

Chez notre Deburau, les trois vieillards épiques

Qui font grincer des airs pointus comme des piques;

Le concert souterrain des aveugles: enfin,

L'antique piano qui grogne à Séraphin

Et l'orchestre des chiens qu'on montre dans les foires,

Auprès de celui-là charment leurs auditoires.

Mais, si rempli qu'il soit de grincements de dents,

Quels que soient les canards qui barbotent dedans,

Si féroce qu'il semble à toute oreille tendre,

Il vaut mieux que le chant qu'il empêche d'entendre.

 Les choristes rangés en affreux bataillons,

Marchent ad libitum en traînant des haillons;

Les femmes, effrayant le dandy qu'elles visent,

Chantent faux des vers faux; même elles improvisent!

O ruines! leurs dents croulent comme un vieux mur,

Et ces divinités, toutes d'un âge mûr,

Dont la plus séduisante est horriblement laide,

Font rêver par leurs os aux dagues de Tolède.

Leurs jupons évidés marchent à grands frous-frous,

Et leur visage bleu, percé de mille trous,

S'étale avec orgueil comme une vieille cible.

Les hommes sont plus laids encor si c'est possible.
Triste fin ! si l'on songe en voyant ces objets,
Que ce chœur endurci vaut les premiers sujets !

Plus de ténors ! Leur si demande un cataplasme,
Et l'ut, le fameux ut, tombe dans le marasme.
En vain Pillet tremblant envoya ses zélés
Parcourir l'Italie avec leurs pieds ailés ;
En vain ils ont fouillé Rome, ville papale,
Naple, où sous l'oranger, des femmes au front pâle
Donnent des rendez-vous aux jeunes cavaliers,
Et, courtisane avec des palais en colliers,
Venise, où lord Byron, deux fois vainqueur des ondes,
Poussait son noir coursier le long des vagues blondes,
Et Florence, où l'Arno, parmi ses flots tremblants,
Mêle l'azur du ciel avec les marbres blancs ;
Jusqu'au golfe enchanteur qu'un paradis limite,
L'ut ne veut plus lutter, le ténor est un mythe.

Seul, ô Duprez ! toujours plus grand, toujours vainqueur,
Toujours lançant au ciel ton chant qui sort du cœur,
Fièrement appuyé sur ta large méthode
Qui reste, comme l'art, au-dessus de la mode,

O Duprez ! ô Robert ! Arnold ! Eléazar !
En voyant les cailloux qu'on met devant ton char,
Et les rivaux honteux que la haine te donne
Lorsque ta voix sublime à la fin t'abandonne,
Toujours maître de toi tu luttes en héros,
Toujours roi, toujours fort, tandis que tes bourreaux
Inventent vingt ténors devant qui l'on s'incline,
Et qui durent un an comme la crinoline.
Ah ! du moins, nous avons la Danse, un art divin !
Et l'homme le plus fait pour être un écrivain,
Célébrât-il Louis, et portât-il perruque,
Fût-il Caton, fût-il Boileau, fût-il eunuque,
Ne pourrait découvrir l'ombre d'un iota
Pour défendre à ses vers d'admirer Carlotta.
Son corps souple et nerveux a de suaves lignes;
Vive comme le vent, douce comme les cygnes,
L'aile d'un jeune oiseau soutient ses pieds charmants,
Ses yeux ont des reflets comme des diamants,
Ses lèvres à l'Eden auraient servi de portes;
Le jardin de Ronsard, de Belleau, de Desportes,
Devant Cypre et Chloris toujours extasiés,

A, pour les embellir, donné tous ses rosiers.
Elle va dans l'azur, laissant flotter ses voiles,
Conduire en souriant la danse des étoiles,
Poursuivre les oiseaux et prendre les rayons;
Et, par les belles nuits, d'en-bas nous la voyons,
Dans les plaines du ciel d'ombre diminuées,
Jouer entrelacée à ses sœurs les nuées,
Ouvrir son éventail et se mirer dans l'eau.

Qu'auriez-vous pu trouver à redire, ô Boileau ?
Une chose bien simple, hélas ! La jalousie
Nous cache tout ce luxe et cette poésie,
De même qu'autrefois, par un crime impuni,
Les mêmes envieux cachaient Taglioni,
Cet autre ange charmant des cieux imaginaires.
Sombre Junon ! Les Dieux ont-ils donc des colères ?

Aimez-vous les décors ? On n'en met nulle part.
Les vieux servent toujours, percés de part en part,
Et, par la main du Temps noircis comme des forges,
Ils pendent en lambeaux comme de vieilles gorges.
Les arbres sont orange, et dans Guillaume Tell,
La montagne est percée à jour comme un tunnel.

Le temple de Robert, ses colonnes en loques,
S'agite aux quatre vents comme des pendeloques,
Et le couvent a l'air de s'être bien battu.
Dans La Muette *enfin, mirabile dictu !*
L'éruption se fait avec du papier rouge
Derrière lequel brille un lampion qui bouge.

Le machiniste, un sage, ennemi des succès,
Imite à tours de bras le Théâtre Français.
Les travestissements, les changements à vue,
Les transformations sont comme une revue
De la garde civique : on les manque toujours.
Les Français, l'Odéon, sont les seules amours
Du machiniste en chef; il a cette coutume
D'étrangler les acteurs en tirant leur costume.
Quelques-uns sont vivants ; s'ils en ont réchappé,
C'est que le machiniste une fois s'est trompé,
Et rêvait d'Abufar, qu'il voit chaque dimanche.
C'est un homme d'esprit qui prendra sa revanche.

Enfin on voit maigrir, comme corps de ballet,
Des marcheuses, des rats, peuple jeune et fort laid,
Qui n'ont jamais dansé qu'à la Grande-Chartreuse,

Et qui, réjouissant de leur maigreur affreuse
Les lions estompés au cosmétique noir,
Prennent des rendez-vous pour le souper du soir.

Nous qui ne sommes pas danseurs, prenons la fuite.
Allons souper, aussi, mon cœur, mais tout de suite,
Et tâchons d'oublier en buvant de bons vins,
Cet hospice fameux, rival des Quinze-Vingts.

Décembre 1845.

SATIRE CINQUIÈME.

Fille du grand Daumier ou du sublime Cham,
  Toi qui portes du reps et du madapolam,
O Muse de Paris ! toi par qui l'on admire
Les peignoirs érudits qui naissent chez Palmyre,
Toi pour qui notre siècle inventa les corsets
A la minute, amour du puff et du succès !

Toi qui chez la comtesse et chez la chambrière
Colportes Marivaux retouché par Barrière,
Précieuse Evohé ! chante, après Gavarni,
L'amour et la constance en brodequin verni.

   Dans ces pays lointains situés à dix lieues,
Où l'Oise dans la Seine épanche ses eaux bleues,
Parmi ces Saharas récemment découverts,
Quand l'indigène ému voit passer dans nos vers
Ces mots déjà caducs : rat, grisette ou lorette,
Il se sent vivre, un charme impérieux l'arrête,
Et, l'œil dans le ciel bleu, ce naturel naïf
Evacue un sonnet imité de Baïf.
Il voit dans le verger qu'il eut en patrimoine
Tourbillonner en chœur les cauchemars d'Antoine ;
Le voilà frémissant et rouge comme un coq ;
Il rêve, il doute, il songe, et tout son Paul de Kock
Lui revient en mémoire, et, pendant trois semaines,
Fait partir à ses yeux des chandelles romaines
Et dans son cœur troublé met tout en désarroi,
Comme un feu d'artifice à la fête du roi.

   La grisette ! Il revoit la petite fenêtre.

Les rayons souriants du jour qui vient de naître,
A leur premier réveil, comme un cadre enchanteur,
Dorent les liserons et les pois de senteur.
Une tête charmante, un ange, une vignette
De ce gai reposoir agace la lorgnette.
En voyant de la rue un rire triomphant
Ouvrir des dents de perle, on dirait qu'un enfant
Ou quelque sylphe, épris de leurs touffes écloses,
A fait choir, en jouant, du lait parmi les roses.
Elle va se lacer en chantant sa chanson,
Lisette ou L'Andalouse ou bien Mimi Pinson.
Puis tendre son bas blanc sur sa jambe plus blanche;
Les plis du frais jupon vont embrasser sa hanche
Et cacher cent trésors, et du cachot de grès
La naïade aux yeux bleus glissera sans regrets
Sur sa folle poitrine et sur son col, que baigne
Un doux or délivré des morsures du peigne.
Ce poème fini, dans un grossier réseau
Elle va becqueter son déjeûner d'oiseau,
Puis, son ouvrage en main, sur sa chaise de paille,
La folle va laisser, tandis qu'elle travaille,

L'aiguille aux dents d'acier mordre ses petits doigts ;
Et, comme un frais méandre égaré dans les bois,
Elle entrelacera, modeste poésie,
Les fleurs de son caprice et de sa fantaisie.

C'est ce que l'on appelle une brodeuse. Hélas !
Depuis qu'en retournant le sept de cœur ou l'as
Dans un estaminet, le premier journaliste
Contre les murs du beau dressa cette baliste,
Combien ces frais croquis, plus faux que des jetons,
Ont fait dans notre ciel errer de Phaétons !
La grisette, doux rêve ! Elle avait ses apôtres,
Notre grand Béranger mentait comme les autres ;
Mais un jour, Roqueplan, s'étant mis à l'affût,
Fit un mot de génie, et la Lorette fut !

Hurra ! les Aglaé ! les Ida, les charmantes,
En avant ! Le champagne a baptisé les mantes !
Déchirons nos gants blancs au seuil de l'Opéra !
Après, la Maison-d'Or ! Corinne chantera,
Et puis, nous ferons tous, comme c'est nécessaire,
Des mots qui paraîtront demain dans Le Corsaire !
Des mots tout neufs, si bien arrachés au trépas

Qu'ils se rendent parfois, mais qu'ils ne meurent pas!
Ecoutez Célina, reine de la folie,
Qui chante: Un général de l'armée d'Italie!
Ah! bravo! c'est épique, on ne peut le nier.
Quel aplomb! je l'avais entendu l'an dernier.
Vive Aspasie! Athène existe au sein des Gaules!
Ah! nous avons vraiment les femmes les plus drôles
De Paris! Périclès vit chez nous en exil,
Et nous nous amusons beaucoup Quelle heure est-il?

Évohé! toi qui sais le fond de ces arcanes,
Depuis la Maison-d'Or jusqu'au bureau des cannes,
Toi qui portas naguère avec assez d'ardeur,
Le claque enrubané du fameux débardeur,
Apparais! Montre-nous, ô femme sibylline,
La pâle Vérité nue et sans crinoline
Et convaincs une fois les faiseurs de journaux
De complicité vile avec les Oudinots.

Descends jusques au fond de ces hontes immenses
Qui sont le paradis des auteurs de romances,
Dis-nous tous les détours de ces gouffres amers,
Et si la perle en feu rayonne au fond des mers.

Et quels monstres, avec leurs cent gueules ouvertes,
Attendent le nageur tombé dans les eaux vertes.
Mène-nous par la main au fond de ces tombeaux !
Montre ces jeunes corps si pâles et si beaux
D'où la beauté s'enfuit sans y laisser de trace !
Fais-nous voir la misère et l'impudeur sans grâce !
Parcours, en exhalant tes regrets superflus,
Ces beaux temples de l'âme où le dieu ne vit plus,
Sans craindre d'y salir ta cheville nacrée.
Tu peux entrer partout, car la Muse est sacrée.

Mais du moins, Évohé, si la jeune Laïs,
Avec ses cheveux d'or, blonds comme le maïs,
N'enchaîne déjà plus son amant Diogène ;
Dans ces murs, d'où s'enfuit l'esprit avec la gêne,
Si leur Alcibiade et leur sage Phryné
Abandonnent déjà ce siècle nouveau-né,
Si dans notre Paris leur Athène est bien morte,
Dans les salons dorés où se tient à la porte
La noble Courtoisie, il est plus d'un grand nom
Qui dérobe la grâce et l'esprit de Ninon.
Là, l'amour est un art comme la poésie :

Le Caprice aux yeux verts, la rose Fantaisie
Poussent la blanche nef que guident sur son lac
Anacréon, Ovide et le divin Balzac,
Et mènent sur ces flots, célébrés par Horace,
La Volupté plus belle encore que la Grâce !

 O doux mensonge ! Avec tes ongles déjà longs,
Tâche d'égratigner la porte des salons,
Et peins-nous, s'il se peut, en paroles courtoises,
Les amours de duchesse et les amours bourgeoises !
Dis l'enfant Chérubin tenant sur ses genoux
Sa marraine aujourd'hui moins sévère; dis-nous
La nouvelle Phryné, lascive et dédaigneuse,
Instruisant les d'Espard après les Maufrigneuse ;
Dis-nous les nobles seins que froissent les talons
Des superbes chasseurs choisis pour étalons ;
Et comment Mess..... encore extasiée,
Au matin rentre lasse et non rassasiée,
Pâle, essoufflée, en eau, suivant l'ombre du mur,
Tandis que son époux, orateur déjà mûr,
Dans son boudoir de pair désinfecté par l'ambre,
Interpelle un miroir en attendant la Chambre !

Ah ! posons nos deux mains sur notre cœur sanglant !
Ce n'est pas sans gémir qu'on cherche, en se troublant,
Quelle plaie ouvre encor, dans l'éternelle Troie,
L'implacable Vénus attachée à sa proie !
Quand il parle d'amour sans pleurer et crier,
Le plus heureux de nous, quelque soit le laurier
Où le myrte charmant dont sa tête se ceigne,
Sent grincer à son flanc la blessure qui saigne,
Et se plaindre et frémir avec un ris moqueur,
L'ouragan du passé dans les flots de son cœur ! (1)

. . . . . . , ...

Février 1846.

(1) ÉVOHÉ n'a pas écrit la terrible satire qu'elle annonçait ici : c'était déjà trop de la rêver. Elle n'a pas tenu cette promesse-là ni aucune de ses promesses ; c'est ce qui fait sa force. La pauvrette n'a jamais touché que par jeu à la lyre d'airain : où aurait-elle trouvé assez de fureur et assez de haine pour mener à bout sans faiblir la farouche PARODIE HUMAINE ?

SATIRE SIXIÈME.

UNE VIEILLE LUNE

MOI.

Chère infidèle ! eh bien qu'êtes-vous devenue ?
Depuis quinze grands jours vous n'êtes pas venue !
Chaque nuit, à l'abri du rideau de satin
Ma bougie en pleurant brûle jusqu'au matin ;
Je m'endors sans tenir votre main adorée,
Et lorsque vient l'Aurore en voiture dorée,
Je cherche vainement dans les plis des coussins
Les deux nids parfumés où s'endorment vos seins,
Comme de doux oiseaux sur le marbre des tombes.
Qu'en faisiez-vous là-bas de ces blanches colombes !
Et tu ne m'aimes plus.

ÉVOHÉ.

Je vous aime toujours.

MOI.

*Un corset un peu juste, une étroite chaussure
Ont-ils égratigné d'une rose blessure
Tes beaux pieds ou ton corps, ces parterres de lys?
Un drap trop dur, froissé par tes ongles polis,
A-t-il enfin meurtri, dans ses neiges tramées,
Ces bijoux rougissants, pareils à des camées?
As-tu brisé ta lyre en chantant Kradoudja?
Ou bien, dans ces doux vers que l'on aimait déjà,
Ta soubrette Vénus a-t-elle d'aventure
En te frisant le soir, plié ta chevelure?
As-tu perdu ta voix et ton gazouillement!*

ÉVOHÉ.

*Je suis harmonieuse et belle, ô mon amant!
Le drap tissu de neige et la chaussure noire
N'a pas mordu mes pieds ni mes ongles d'ivoire;
Ma soubrette Cypris, qui m'aime quand je veux,*

N'a pas coupé nos vers pour plier mes cheveux ;
On admire toujours les cent perles féeriques
Et les purs diamans de mes écrins lyriques :
Les Cupidons ailés me servent d'échansons,
Et ma lyre d'argent est pleine de chansons.

MOI.

Pourquoi donc as-tu fui la guerre, toi si brave !
On reprend Abufar et Lucrèce, on te brave !
Pends-toi, grillon ! Lucrèce, enfin deux Abufar !
Et ce Bache espagnol ivre de nénufar,
Damon, ce grand auteur dont la muse civile
Enchanta si longtemps et Lecourt et Clairville,
Est orné de deux croix pour ses talents divers.
Le Tarn au loin gémit et demande tes vers.

ÉVOHÉ.

N'as-tu donc point appris la fameuse nouvelle
Que l'aveugle Déesse, en enflant sa grande aile,
Emporte aux quatre coins de l'univers connu ?

MOI.

Non.

ÉVOHÉ.

Tremblez, terre et cieux ! Le maître est revenu.
Némésis-Astronome assemble ses vieux braves,
Barberousse s'abat au milieu des burgraves,
Barthélemy rayonne, allumant son fanal,
Cloué, dernier pamphlet, à son dernier journal !
Sa muse a, réveillant la satire latine,
Comme un Titan vaincu foudroyé Lamartine ;
Pareille aux grands parleurs d'Homère et de Hugo,
Des rocs du feuilleton, la dure virago
Sur ce cygne plus doux que les cygnes d'Athènes
Fait couler à grand bruit ces paroles hautaines :
« Rimeur, que viens-tu faire au milieu du forum !
» Cet acte audacieux blesse le décorum.
» Reste avec tes pareils ! Les gens de ta séquelle
» Ne sont bons qu'à rimer une ode, telle quelle !
» Tu chantes l'avenir ! le présent est meilleur.
» Ce qui te convenait, ô divin rimailleur,

» *C'était, ambitieux du laurier de Pindare,*
» *D'aller au mont Horeb pincer de la guitare*
» *Pour ton roi légitime, ou plutôt d'arranger*
» *Des vers de confiseur au Fidèle-Berger.*
» *Mais ta loi sociale est une rocambole,*
» *Et Fourier n'est qu'un âne à côté de Chambolle.*
» *Tombe! et le front meurtri par mon divin talon,*
» *Souviens-toi désormais d'admirer Odilon.* »
Ainsi par ses gros vers, Némésis-Astronome,
Du poète sacré, déjà plus grand qu'un homme,
A brisé fièrement les efforts superflus.

MOI.

Tiens! je n'en savais rien.

ÉVOHÉ.

Lamartine non plus.
Bois, ô mon jeune amant! les larmes que je pleure.
Si Némésis renaît, il faut donc que je meure?

MOI.

*Ta lèvre a le parfum du rosier d'Orient
Où l'aurore a caché ses perles en riant ;
Cette bouche folâtre est pleine de féeries,
Et, comme un voyageur dans des plaines fleuries,
Mon cœur s'est égaré parmi ses purs contours.*

ÉVOHÉ.

Si je chantais encor, m'aimeriez-vous toujours ?

MOI.

*Eh ! que nous fait à nous Némésis-Astronome ?
Nous, et Barthélemy que le siècle renomme,
Nous avons deux tréteaux dressés sous le ciel bleu,
Deux magasins d'esprit : le sien ressemble à feu
Le Théâtre-Français ; une loque de toile
Y représente Rome ou bien l'Arc-de-l'Étoile,
Au choix. Sur le devant, de lourds alexandrins,
Portant tout le harnois classique sur les reins,*

Casaques abricot, casques de tragédie,
Déclament, et s'en vont quand on les congédie :
Ce genre sérieux n'a pas un grand succès ;
On y baille parfois, mais c'est l'esprit français;
Cela craque partout, mais c'est la bonne école,
Et cela tient toujours avec un peu de colle.
Si quelque spectateur pourtant semble fâché,
On lui répond : Racine ! et le mot est lâché.
Mais nous, nous travaillons pour un public folâtre.
En haillons ! En plein vent ! Nous sommes le théâtre
A quatre sous, un bouge. Aux regards des titis
Nous offrons éléphans, diables et ouistitis :
Dans notre drame bleu la svelte Colombine
A cent mille oripeaux pour cacher sa débine.
Ses paillettes d'argent et son vieux casaquin
Eblouissent encor ce filou d'Arlequin;
On y mord, et parfois la gorge peu sévère
Sort de la robe, et luit sous les colliers de verre.
Pour moi, sur ce théâtre où le bon goût n'est pas,
Paillasse enfariné, je m'escrime à grands pas;
Et quand le vieux Cassandre y passe à l'étourdie,

Au lieu de feindre un peu, comme la Tragédie,

De percer d'un poignard ce farouche barbon,

Je lui donne des coups de trique, pour de bon !

Sur cette heureuse scène, on voit le saut de carpe

Après le saut de sourd; et Rose, sans écharpe,

S'y montre à ce public trois fois intelligent,

Faisant la crapaudine au fond d'un plat d'argent.

La fée Azur, tenant le diable par les cornes,

Y court dans son char d'or attelé de licornes;

L'ange y dévore en scène un cervelas; des feux

Du Bengale, des feux charmans, roses et bleus,

Embrasent de rayons cette aimable folie,

Et l'on y voit passer Rosalinde et Célie !

ÉVOHÉ.

Eh bien ! donc, à vos rangs, Guignols et Bilboquets !

Ouvrons la grande porte ! allumons les quinquets !

Mets ton collier de strass, reine de Trébizonde !

Entrez, entrez, Messieurs ! Entrez ! suivez le monde !

Hurrah, la grosse caisse, en avant ! Patapoum !

Zizi, boumboum ! Zizi, boumboum ! Zizi, boumboum !

Venez voir Colombine et le Génie, ou l'Hydre
En mal d'enfant ! *Orgeat, de la bière, du cidre !*

Janvier 1846.

LES

FOLIES NOUVELLES.

PRÉFACE

Élite du monde élégant,
Qui fuis le boulevard de Gand,
   O troupe élue,
Pour nous suivre sur ce tréteau
Où plane l'esprit de Wateau,
   Je te salue.

Te voilà ! Nous pouvons encor
Te dévider tout le fil d'or
   De la bobine !
En un rêve matériel
Nous te montrerons Ariel
   Et Colombine.

Dans notre parc aérien
S'agite un monde qui n'a rien
Su de morose :
Bouffons que l'Amour, pour son jeu,
Vêtit de satin rayé, feu,
Bleu-ciel et rose !

Notre poème fanfaron,
Qui dans le pays d'Obéron
Toujours s'égare,
N'est pas plus compliqué vraiment
Que ce que l'on songe en fumant
Un bon cigare.

Tu jugeras notre savoir
Tout à l'heure, quand tu vas voir
La pantomime.
Je suis sûr que l'Eldorado
Où te conduira Durandeau
Sera sublime.

Car notre Thalie aux yeux verts,
Qui ne se donne pas des airs
  De pédagogue,
A tout Golconde en ses écrins :
Seulement, cher public, je crains
  Pour son prologue!

Oui! moi qui rêve sous les cieux,
Je fus sans doute audacieux
  En mon délire,
Assez et peut-être bien trop,
D'oser dire à l'ami Pierrot :
  Porte ma lyre!

Mais quoi! je suis bien accoté.
N'ai-je pas là, pour le côté
  Métaphysique,
Paul, français vraiment né malin!
Puis voici Kelm, et Trivelin
  Fait la musique!

Berthe, Lebreton, Mélina,
Avec Suzanne Senn, qui n'a
    Rien de terrestre,
Dansent au fond de mon jardin
Parmi les fleurs, et Bernardin
    Conduit l'orchestre !

Écoute Louisa Melvil
N'est-ce pas un ange en exil
    Que l'on devine
Sous les plis du crêpe flottant,
Lorsqu'elle chante, et qu'on entend
    Sa voix divine ?

Ravit-elle pas, front vermeil,
Avec ses cheveux de soleil
    Lissés en onde,
Le paysage triomphant,
Belle comme Diane enfant,
    Et blanche ! et blonde !

Pour ces accords et pour ces voix,
Pour ces fillettes que tu vois,
  Foule choisie,
Briller en leur verte saveur,
Daigne accueillir avec faveur
  Ma poésie !

Car, sinon mes vers, peu vantés !
Du moins tous ces fronts inventés
  Pour qu'Avril naisse,
Comme en un miroir vif et clair,
Te feront entrevoir l'éclair
  De la jeunesse !

La scène est au petit spectacle de mon ami Pierrot, le le jour de l'ouverture. Le théâtre représente un décor : un jardin de Wateau, peint par Cambon. Au lever du rideau, la scène est vide. On entend dans la coulisse le bruit d'un corps qui tombe par terre, puis des cris de détresse. Arrive un homme chiffonné, aveuglé, couvert de plâtre, avec un chapeau bosselé : c'est le Bourgeois.

SCÈNE PREMIÈRE.

UN BOURGEOIS.

u meurtre ! épargnez un bourgeois !

Voyant que personne ne le poursuit, il se rassure un peu, se tâte, examine ses vêtements d'un air piteux, et continue.

J'ai donné contre
Un mur, et j'ai cassé le verre de ma montre !
Mon chapeau défoncé s'est tout aplati sur
Ma tête. C'en est fait, je suis mort, à coup sûr !

Non, je ne suis pas mort, mais je suis plein de plâtre.
Où suis-je ? C'est l'enfer, ou bien c'est un théâtre !
Oui, voilà des décors. Que c'est vilain de près !
Un ancien à raison de dire en mots exprès
Que, même à soixante ans, un homme n'est pas sage!

Au public, confidentiellement.

Je crois sans plus d'affaire enfiler un passage,
(Je venais de dîner au prochain restaurant);
J'entre, je m'aplatis le nez contre un torrent !
Je crève une forêt, et ma jambe, qu'attrape
Un câble, s'engloutit dans le trou d'une trappe !
Mon père l'exprimait judicieusement :
« Quoiqu'on y voie, avec leur sourire charmant,
» Des femmes, aux regards célestes, aux cous lisses,
» On ne se saurait trop méfier des coulisses :
» On peut trop aisément s'y faire estropier ! »

Apercevant la salle.

Mais je n'avais pas vu cela ! Sac à papier !
Le bel endroit ! Quelle est cette superbe salle ?
Quel luxe ! Ma surprise est vraiment colossale !

Je ne reconnais rien du tout; pourtant je sais
Qu'ici je ne suis pas au Théâtre-Français !
S'il passait dans ces lieux, où le hasard m'amène,

En Prud'homme.

Quelque acteur, un suppôt de l'art de Melpomène,
Je saurais si ces murs, qui n'ont rien de mesquin,
Abritent le cothurne ou bien le brodequin !
Distinction utile, et même principale !

Apercevant Pierrot, qui paraît au fond.

Justement, j'en vois un qui vient. Comme il est pâle !
On dirait un malade, avec son blanc sarrau !

○○○○○○○○○○○○○○○○○○○○○○○○○○○○○○○

SCÈNE II.

LE BOURGEOIS, PIERROT.

LE BOURGEOIS, à Pierrot, qui s'est avancé, avec intérêt.

Monsieur est souffrant ?

Pierrot exprime que non.

Non ! tant mieux.

Pierrot montre au bourgeois un écriteau avec ces mots :
Je suis Pierrot.

LE BOURGEOIS, lisant l'écriteau.

« *Je suis Pierrot !* »

Avec admiration.

Il est Pierrot ! Dieux c'est ici que Pierrot loge !
Il est Pierrot !

A Pierrot.

Monsieur, cela fait votre éloge.

Monsieur, mime Pierrot, vous êtes trop bon, et vous êtes même joli pour un birbe accablé de caducité.

Vous dites que je suis joli pour un barbon,
Et que je suis trop bon ! Je ne suis pas trop bon,
Car votre accueil m'enchante, et, depuis ma naissance,
Je désirais l'honneur de votre connaissance !

Pierrot s'incline et exprime qu'il est flatté de ce compliment.

Et... vous ne parlez pas ?

Pierrot fait signe que non.

     Non ? Les gens bienséants
Parlent fort peu !

Changeant la conversation.

     Quelle est la muse de céans ?

Pierrot exprime que c'est la Folie.

La Folie ? Ah ! vraiment ! Votre salle est divine !
Son aspect est gai comme un pinson !

Pierrot exprime qu'elle dépasse toutes les merveilles du monde, et que Louis xiv lui-même, bien qu'il ressemblât au Soleil, n'en avait pas de plus splendide.

     Je devine.
Vous me dites que, même au temps du roi Louis,
Rien d'aussi magnifique, aux regards éblouis
Ne parut !

Pierrot exprime qu'il a fallu dépenser des capitaux considérables pour arriver à construire un pareil édifice.

  Ah ! fort bien ! Je vous entends. Nous sommes
D'accord. Il a fallu donner de fortes sommes
Pour la faire, éventrer d'énormes galions,
Et mettre des ducats dessus des millions !

Pierrot exprime que c'est bien cela et que le Bourgeois ne se trompe pas.

Quel genre voulez-vous jouer? La tragédie?
C'est un genre français, excellent quoiqu'on die!

Pierrot fait la parodie d'un acteur tragique, puis il dit que, malgré toute sa sympathie pour la haute littérature, il ne croit pas devoir s'y consacrer.

Non ! le drame ?

Pierrot fait la parodie d'un acteur de drame. Il se promène à grands pas. O CIEL, dit-il, OÙ PEUT ÊTRE MA FILLE ! A ce moment le Bourgeois tire sa tabatière pour prendre une prise. Pierrot lui prend sa tabatière. OH ! dit-il, CETTE PETITE CROIX D'OR ! MAIS ALORS, TU ES MA FILLE ! JE SUIS TA MÈRE ! C'EST SUPERBE, ajoute Pierrot, MAIS JE NE VEUX PAS DE CELA NON PLUS, JE PRÉFÈRE DES COMÉDIES PLUS GAIES.

Non plus ?

MA FOI NON, dit Pierrot.

Ah ! vous ne voulez pas
Marcher toujours en deux, fendus comme un compas,
Et faire trembler tout jusques à la Bastille
Pour crier à la fin : « Ciel ! ma mère ! ma fille !

Ma foi non, dit Pierrot.

Le vaudeville ?

Pierrot en riant fait signe que non.

Non ! vous avez trop d'esprit.

A Pierrot, avec les ménagements qu'on emploie auprès d'une personne à qui l'on veut dire quelque chose de désagréable :

Cher monsieur Pierrot, nul jamais ne vous comprit
Aussi bien que je fais, grâce au style, sublime
Et touchant à la fois, de votre pantomime
Mais,

Avec hésitation.

quoiqu'elle me rende extrêmement content,
Ne pourrais-je causer avec quelque habitant
De ce petit endroit cher à la fantaisie,
En simple prose, ou même en simple poésie ?

Ah ! dit Pierrot, c'est très-facile, j'ai votre affaire. Il va à une coulisse et semble appeler familièrement quelqu'un. Aussitôt paraît le Lutin des Folies Nouvelles, cheveux aux vents, couleur d'or, regard et sourire extasiés, personnification de ce qu'ont de plus adorable le Caprice et la Fantaisie.

LE BOURGEOIS, apercevant le Lutin.

Mais quel est cet éclair en habit de gala ?
Comme je clorais bien avec ce démon-là
Le chapitre éternel de mes mélancolies !

SCÈNE III.

LE BOURGEOIS, PIERROT, LE LUTIN.

LE LUTIN.

Moi ? Je suis le Lutin des Nouvelles Folies !
Chantons, rions, dansons, tâchons de vivre encor !
Voyez mes grands cheveux faits de lumière et d'or !
Et mes yeux ! des tisons d'enfer ! Voyez mes lèvres
Où l'amour et la lyre ont mis toutes leurs fièvres !
Mes joyaux ! mes habits où ruissellent des fleurs !
Pleurez-vous, cher monsieur ? Je viens sécher les pleurs !
Écoutez mes chansons de danseuse bohême !
Et surtout, aimez-moi d'abord : je veux qu'on m'aime !
Laissez-moi folâtrer, bacchante, avec mes sœurs,
Et je vous verserai ce vin, cher aux penseurs

Saintement couronnés de raisins et de lierre,
Dont s'enivrait Lesage et que goûtait Molière !

C'est une idée, dit Pierrot. Et il va chercher au fond du théâtre une table sur laquelle sont placés un broc et des verres.

LE BOURGEOIS.

Buvons-en ! buvons-en beaucoup !

LE LUTIN, devant son verre plein de vin.

A ta santé,
O bourgeois, cher public, d'un sourire enchanté !
Toi qui de me comprendre es encore seul digne !
Toi qui rêves, poète, accoudé sous ma vigne !
Préfère mes rosiers à la blancheur des lys !
J'ai réjoui ton père et je berce ton fils !
Aime-moi chancelante, et pourtant sérieuse !
Je suis la Farce antique, immortelle et joyeuse,
Et tous mes serviteurs furent tes échansons.
Trinquons ! Au vin de France !

LE BOURGEOIS.

Au franc rire !

LE LUTIN.

Aux chansons!

Elle chante, en tendant son verre à Pierrot qui lui verse du vin.

CHANSON.

I.

Au fond du vin se cache une âme!
Pierrot, dans le cristal vermeil,
Verse-moi la liqueur de flamme:
C'est le printemps, c'est le soleil!
Elle enivre notre souffrance
Sur cette terre où nous passons!
Amis! vivent les vins de France
Et le délire des chansons!

II.

Avec leur parure choisie,
Avec leurs beaux fronts empourprés,
La Musique et la Poésie
Sortiront de ces flots sacrés.

La Joie et la blonde Espérance
Les versent à leurs nourrissons !
Amis ! vivent les vins de France
Et le délire des chansons !

Après le premier couplet, le Bourgeois transporté a tendu son verre à Pierrot, mais celui-ci, trop occupé à écouter, a oublié d'y rien verser. Après le second couplet, le Bourgeois tend encore son verre. Cette fois Pierrot le remplit de vin avec empressement, mais, dans son enthousiasme, il le vide lui-même au grand désappointement du Bourgeois.

LE BOURGEOIS, au Lutin.

Lutin, je vous adore !

A Pierrot.

Allons, je suis fou d'elle !

Cherchant à rassembler ses souvenirs, au Lutin.
Pourtant si ma mémoire est encore fidèle,
Vous n'aviez pas jadis cet habit provoquant !
Je vous voyais, c'était... non, je ne sais plus quand,
Dans de grands corridors, mais longs de plusieurs aunes!
Votre robe était verte, avec des rubans jaunes !
Et puis, vos matelas n'étaient pas bien cardés !

LE LUTIN, souriant.

Ah ! ma mère ! la salle ancienne ! Regardez.

On voit entrer une grande femme dont le costume de Folie, vert et jaune, rappelle l'ancienne décoration de la salle des Folies Concertantes.

SCÈNE IV.

LE BOURGEOIS, PIERROT, LE LUTIN. L'ANCIENNE SALLE.

CHANSON.

L'ANCIENNE SALLE.

I.

Non, messieurs, sur ma parole,
Je n'étais pas belle, mais
Aussi comme j'étais folle !
Le jupon troussé, j'aimais
Le rire et la gaudriole !
Je chantais Sancho Pança !

LE BOURGEOIS.

Oui, je me souviens de ça!

L'ANCIENNE SALLE.

Avec une gaîté rare
Alors je vous amusais,
Puis je grattais ma guitare
Et je disais... je disais...
  Digue, digue, don.

Refrain dont l'acteur Kelm a le secret.

II.

L'ANCIENNE SALLE.

J'avais encor la voix nette,
Les yeux d'étincelles pleins;
Et je jetais ma cornette
Par-dessus tous les moulins,
Et jamais marionnette
Plus haut ne se trémoussa!

LE BOURGEOIS.

Oui, je me souviens de ça!

L'ANCIENNE SALLE.

Avec une gaîté rare
Alors je vous amusais,
Puis je grattais ma guitare,
Et je disais... je disais :
　　Digue, digue, don.

　　　　Refrain de Kelm.

LE LUTIN, au Bourgeois.

Eh bien, que dites-vous de sa voix ?

LE BOURGEOIS.

　　　　　　Fort touchante.
Pour moi, sac à papier ! j'aime ce qu'elle chante !
Oui, cette ancienne salle a vraiment l'air ouvert !
Mais, ma foi ! son costume est trop jaune et trop vert !

Avec galanterie au Lutin.

Quoiqu'elle vaille moins que ce qu'elle dérobe,
Mon cher petit démon, j'aime mieux votre robe !

LE LUTIN, *montrant l'ancienne salle.*

Eh ! qu'importe ! elle a su venir au bon moment !
Mais je parais, et d'elle il reste seulement,
Voyez ! cet art bouffon qui fit sa jeune gloire !

Sur le mot VOYEZ, un changement de costume s'exécute à vue. Le personnage représentant l'ancienne salle des Folies Concertantes disparaît et laisse voir à sa place un comédien vêtu d'un splendide costume bouffon.

LE COMÉDIEN BOUFFON.

Oui, c'est moi, me voilà ! Vous savez mon histoire.
Je naquis près des dieux antiques, mes voisins,
Sur un lourd chariot couronné de raisins !
Puis, sur tous les tréteaux et sur toutes les planches
J'ai fustigé le vent de mon rire aux dents blanches !
En lançant, comme dit Hamlet : « des mots, des mots ! »
J'ai distrait quelquefois le passant de ses maux !
Polichinelle et clown, j'ai su, qu'on s'en souvienne,
Joindre à l'humour anglais la verve italienne !
J'aurai fini ma tâche et rempli mon devoir,
Si vous voulez aussi vous égayer à voir,

Au bruit de la crécelle et du tambour de basque,
Frissonner ma crinière et grimacer mon masque !
Cherchez-vous la maison de Scapin ? c'est ici !
Et les enfants seront les bienvenus aussi !
O gaîté ! dans ce temple heureux où tu t'installes,
Nous avons peint des fleurs et rembourré des stalles !

Au public, avec conviction.

Messieurs, sur ces dossiers vraiment miraculeux,
Vous pourrez à loisir rêver des pays bleus !
Ces frêles ornements, ces riches arabesques,
Où court la fantaisie en dessins pittoresques,
Trahissent le cachet de leur peintre, qu'en bon
Français il faut nommer...

LE BOURGEOIS.

Il faut nommer...

LE COMÉDIEN BOUFFON.

Cambon !
Craignez-vous que jamais le bon goût ne rature
Ces chefs-d'œuvre ?

LE BOURGEOIS.

Parlons un peu littérature.

LE COMÉDIEN BOUFFON.

Nos acteurs ?

Chacun des personnages qu'il nomme tour à tour entre en scène à mesure que son nom est prononcé ; puis tous se groupent et finissent par former un tableau d'un aspect bouffon et poétique.

Ils mettront la critique aux abois,
Quoiqu'ils soient si jolis, ils ne sont pas de bois !
Voyez ! c'est Arlequin avec sa Colombine,
Ce joli couple en qui le poète combine
L'âme avec le bonheur se cherchant tour à tour,
Et l'idéal avide, en quête de l'amour !
Voici Léandre encor, voici Polichinelle,
Un gaillard vicieux comme la Tour de Nesle !
Et le plus grand de tous, calme comme un Romain,
Le plus spirituel, le plus vraiment humain,
Formidable, et toujours plus grand que sa fortune,
Mon cher ami Pierrot, le cousin de la lune !

Isabelle ! oiseau bleu qui chante en sa prison !
Et Cassandre tremblant, sot comme la raison !

LE BOURGEOIS.

Et que racontent-ils ?

LE LUTIN.

Une histoire profonde,
Toujours vieille et toujours jeune, comme le monde !
Colombine, cet ange au souple casaquin,
A laissé ramasser son cœur par Arlequin,
Un don Juan de hasard, qui, gracieux et leste,
Fait chatoyer sur lui tout l'arc-en-ciel céleste !
Restez, dit la Raison ; fuyez, leur dit l'Amour !
Par les champs d'épis mûrs, baignés des feux du jour,
Par les noires forêts, par l'azur des grands fleuves,
Ils vont ! Mais soutenus dans toutes ces épreuves,
Le feuillage s'éclaire au bruit de leurs chansons ;
Un repas sort pour eux du milieu des buissons ;
Sur leurs pas, que dans l'air suivent des harmonies,

Des barques et des chars, poussés par les génies,
Leur offrent un abri sous des voiles flottants,
Et tout leur réussit, parce qu'ils ont vingt ans !

CHANSON.

I.

Ce roman-là, c'est la vie !
Que, sous le manteau des bois,
L'âme et la lèvre ravie
Vont épeler à la fois !
Dans leur humeur vagabonde,
Barbe grise et tête blonde
Le poursuivent tour à tour !
Il n'est qu'une histoire au monde,
C'est l'histoire de l'amour.

II.

Beau pays de la féerie,
Que nul encor n'a trouvé,

Doux Eden, terre fleurie,
Au moins nous t'avons rêvé !
O mes sœurs, ô filles d'Ève,
Lorsqu'en mai frémit la sève,
Quand le ciel sourit au jour,
Pour nous il n'est qu'un beau rêve,
C'est le rêve de l'amour !

III.

L'un sur sa lyre d'ivoire,
Sous les feux de l'Orient,
Dit en vers sacrés la gloire
Et son laurier verdoyant.
Sous la pourpre ou la dentelle,
L'autre chante, ô Praxitèle,
Ta déesse au fier contour :
Mais la chanson immortelle
C'est la chanson de l'amour !

LE BOURGEOIS.

C'est parfait !

LE COMÉDIEN BOUFFON.

*Cependant Cassandre avec Léandre
Les poursuivent. Mais quoi! le beau-père et le gendre
Se déchirent la jambe à tous les traquenards!
Tantôt on les fusille ainsi que des renards :
Ils se battent entre eux. L'un crie : on m'assassine!
Pour l'autre, le bon vin se change en médecine.
Cent mille soufflets, l'un sur l'autre copiés,
Alternent sans relâche avec les coups de pieds.
Veulent-ils lire? On voit se hausser la chandelle,
Qui revient, si plus tard on n'a plus besoin d'elle.
Et, tandis que Léandre a gâté son pourpoint,
Et que le vieux barbon, meurtri de coups de poing,
Est rossé par le diable et par son domestique,
Les amoureux, ravis au pays fantastique,
S'enivrent dans les bois des senteurs du printems,
Et tout leur réussit, parce qu'ils ont vingt ans!*

LE LUTIN.

*Grâce à la Fée, un jour, après tous ces longs jeûnes,
Les voilà mariés! ils sont beaux, ils sont jeunes!*

Sous un soleil tournant qui brille à ciel ouvert,
Dans un palais orné de paillon rouge et vert,
On les unit, et l'air, rempli d'apothéoses,
Se teint de fleur de soufre, et d'azur et de roses !

LE COMÉDIEN BOUFFON.

Pendant tout ce temps-là, doux, pensif et railleur,
Dérobant tout, mangeant et buvant du meilleur,
Et ne s'intéressant à rien, comme les sages,
Pierrot s'est promené parmi les paysages,
Sans même seulement vouloir tourner les yeux
Vers la fée au char d'or qui s'enfuit dans les cieux !
Paresseux et gourmand, voilà dans quelle étoffe
Le gaillard est taillé !

LE BOURGEOIS

    C'est un grand philosophe !
Et j'aime le roman que vous m'avez conté.

LE COMÉDIEN BOUFFON, au Lutin.

C'est le plus beau de tous, il n'est pas dégoûté !

Au Bourgeois, en lui montrant le groupe des danseuses.

Voulez-vous voir aussi nos nymphes bocagères,
Et le chœur bondissant de nos danses légères ?
Vous avouerez qu'auprès de nous Vestris marchait !

Aux danseuses, avec l'intonation consacrée.

Que la fête commence !

Aux musiciens de l'orchestre.

Hé ! messieurs de l'archet !
Ce petit monde-là n'attend qu'une cadence ;

Au bourgeois et au public.

Car pour vous réjouir, tout cela chante et danse.
Nous possédons au moins soixante-treize Ellsler.

LE BOURGEOIS.

Soixante-treize !

LE COMÉDIEN BOUFFON.

Au moins ! vous les verrez en l'air.

LE BOURGEOIS.

Devant mes yeux charmés quand vont-elles s'ébattre ?

LE COMÉDIEN BOUFFON.

Demain ! En attendant, en voici toujours quatre !

LE BOURGEOIS.

Voyons.

Les danseuses exécutent un pas éblouissant de délire et de « réalisme. »

LE BOURGEOIS au Comédien Bouffon.

Sac à papier ! je crois qu'une Péri,
A vouloir devancer leurs ailes, eût péri !
C'est divin ! fougue ardente et grâce printanière !

A Pierrot.

Mais, que faisiez-vous donc à la saison dernière,
Mon ami ? Tâchiez-vous d'instruire en badinant ?

Pierrot exprime qu'il n'a jamais songé à cela. CE QUE NOUS FAISIONS, dit-il, NOUS DANSIONS.

LE BOURGEOIS.

J'en suis bien aise ! Eh bien, chantez donc, maintenant !

LE COMÉDIEN BOUFFON.

Demandez, faites-vous servir! musette ou lyre!
Romance tendre ou bien séguédille en délire!
La ballade allemande ou les airs espagnols,
A votre choix!

Montrant le Lutin.

Voilà le nid de rossignols!

Le Bourgeois emprunte à son tour le langage de la mimique, et exprime que, comme toujours, il sera fort heureux de se contenter avec ce qu'on lui donnera.

CHANSON.

LE LUTIN.

C'est ici que l'on oublie
La pâle Mélancolie :
Nous nous appelons Folie,
C'est ici qu'on rit encor !
Accueillez nos babioles,
Laissez nos danses frivoles
Éveiller les chansons folles
Avec leurs clochettes d'or !

LE COMÉDIEN BOUFFON.

Ah ! souriez-nous ! Le cuivre
N'empêchera pas de suivre
Notre chant de bonheur ivre !
Nos habits sont tout luisants ;
Suivant la façon commune,
Nos poètes sans fortune,
Rêvent au clair de la lune,
Nos danseuses ont seize ans !

Tous les personnages et funambules forment des groupes autour desquels court une danse ivre de joie. La farce est jouée.

VARIATIONS LYRIQUES.

Le Carnaval s'amuse !
Viens le chanter, ma Muse.
Sur un rythme gaillard
  Du bon Ronsard !

Et d'abord, sur ta nuque,
En dépit de l'eunuque,
Fais flotter tes cheveux
  Libres de nœuds !

Chante ton dithyrambe
En laissant voir ta jambe
Et ton sein arrosé
  D'un feu rosé.

Laisse même, ô Déesse,

Avec ta blonde tresse,

Le maillot des Keller

   Voler en l'air !

Puisque je congédie

Les vers de tragédie,

Laisse le décorum

   Du blanc peplum,

La tunique et les voiles

Semés d'un ciel d'étoiles,

Et les manteaux épars

   A Saint-Ybars !

Que ses vierges plaintives,

Catholiques ou Juives,

Tiennent des sanhédrins

   D'alexandrins !

Mais toi, sans autre insigne

Que la feuille de vigne

Et les souples accords

   De ton beau corps.

Laisse ton sein de neige
Chanter tout le solfège
De ses accords pourprés,
   Mieux que Duprez !

Ou bien, mon adorée,
Prends la veste dorée
Et le soulier verni
   De Gavarni !

Mets ta ceinture, et plaque
Sur le velours d'un claque
Les rubans querelleurs
   Jonchés de fleurs !

Fais, sur plus de richesses
Que n'en ont les duchesses,
Coller jusqu'au talon
   Le pantalon !

Dans tes lèvres écloses
Mets les cris et les poses
Et les folles ardeurs
   Des débardeurs !

Puis, sans peur ni réserve,
Réchauffant de ta verve
Le mollet engourdi
  De Brididi,

Sur tes pas fiers et souples
Traînant cent mille couples,
Montre leur jusqu'où va
  La Redowa,

Et, dans le bal féerique,
Hurle un rythme lyrique
Dont tu feras cadeau
  A Pilodo!

Tapez, pierrots et masques
Sur vos tambours de basques!
Faites de vos grelots
  Chanter les flots!

Formidables orgies,
Suivez sous les bougies
Les Sax aux voix de fer
  Jusqu'en enfer!

Sous le gaz de Labeaume
Hurra! suivez le heaume
Et la cuirasse d'or
    De Mogador!

Et madame Panache,
Dont le front se harnache
De douze ou quinze bouts
    De marabouts!

Au son de la musette
Suivez Ange et Frisette,
Et ce joli poupon,
    Rose Pompon!

Et Blanche aux belles formes,
Dont les cheveux énormes
Ont été peints, je crois,
    Par Delacroix!

De même que la Loire
Se promène avec gloire
Dans son grand corridor
    D'argent et d'or,

Sa chevelure rousse
Coule, orgueilleuse et douce;
Elle épouvanterait
   Une forêt.

Chantez, Musique et Danse !
Que le doux vin de France
Tombe dans le cristal
   Oriental !

Pas de pudeur bégueule !
Amis ! la France seule
Est l'aimable et divin
   Pays du vin !

Laissons à l'Angleterre
Ses bouillards et sa bière !
Laissons-la dans le gin
   Boire le spleen !

Que la pâle Ophélie,
En sa mélancolie,
Cueille dans les roseaux
   Les fleurs des eaux !

Que, sensitive humaine,
Desdémone promène
Sous le saule pleureur
　　Sa triste erreur !

Qu'Hamlet, terrible et sombre
Sous les plaintes de l'ombre,
Dise, accablé de maux :
　　« Des mots ! des mots ! »

Mais nous, dans la patrie
De la galanterie,
Gardons les folles mœurs
　　Des gais rimeurs !

Fronts couronnés de lierre,
Gardons l'or de Molière,
Sans prendre le billon
　　De Crébillon !

C'est dans notre campagne
Que le pâle Champagne
Sur les coteaux d'Aï
　　Mousse ébloui !

C'est sur nos tapis d'herbe
Que le soleil superbe
Pourpre, frais et brûlants,
   Nos vins sanglants !

C'est chez nous que l'on aime
Les verres de Bohême
Qu'emplit d'or et de feu
   Le sang d'un Dieu !

Donc, ô lèvres vermeilles,
Buvez à pleines treilles
Sur ces coteaux penchants
   Pères des chants !

Poésie et Musique.
Chantez l'amour physique
Et les cœurs embrasés
   Par les baisers !

Chantons ces jeunes femmes
Dont les corps et les âmes
Attirent vers Paris
   Tous les esprits !

Chantons leur air bravache
Et leur corset sans tache
Dont le souple basin
 Moule un beau sein ;

Leur col qui se chiffonne
Sur leur robe de nonne,
Leurs doigts collés aux gants
 Extravagants ;

Leur chapeau dont la grace
Pour toujours embarrasse
La ville et le faubourg
 De Pétersbourg ;

Leurs peignoirs de barège
Et leurs jupes de neige
Plus blanches que les lys
 D'Amarillys,

Leurs épaules glacées,
Leurs bottines lacées
Et leurs jupons tremblants
 Sur leurs bas blancs !

Chantons leur courtoisie !
Car, ni l'Andalousie,
Ni Venise, les yeux
   Dans ses flots bleus,

Ni la belle Florence
Où dans sa transparence
L'Arno prend les reflets
   De cent palais,

Ni l'odorante Asie,
Qui, dans sa fantaisie,
Tient d'un doigt effilé
   Le narghilé,

Ni l'Allemagne blonde
Qui, sur le bord de l'onde,
Ceint des vignes du Rhin
   Son front serein,

N'ont dans leurs rêveries
Vu ces lèvres fleuries
Ces croupes de coursier,
   Ces bras d'acier,

Ces dents de bête fauve,
Ces bras faits pour l'alcôve,
Ces grands ongles couleur
  De rose en fleur,

Et ces amours de race
Qu'Anacréon, Horace
Et Marot enchantés,
  Eussent chantés!

BALLADE

Dites-moi sur quel Sinaï
Ou dans quelle manufacture
Est le critique Dufaï ?
Où ? Sur quelle maculature
Lalanne met-il sa rature ?
Où sont les plâtres de Dantan,
Le Globe et La Caricature ?
Mais où sont les neiges d'antan ?

Où Venet, par le sort trahi,
A-t-il trouvé sa sépulture ?
Mirecourt s'est-il fait spahi ?
Mantz a-t-il une préfecture ?

Où sont les habits sans couture,
Et Malitourne et Pelletan ?
Où sont Clesinger et Couture ?
Mais où sont les neiges d'antan ?

Où sont Rolle des dieux haï,
Bataille, plus beau que nature,
Cochinat, qui fut envahi,
Tout vif, par la même teinture
Que jadis Toussaint-Louverture,
Et ce Rhéal qui mit Dante en
Français de maître d'écriture ?
Mais où sont les neiges d'antan ?

ENVOI.

Ami, quelle déconfiture !
Tout s'en va, marchands d'orviétan
Et marchands de littérature :
Mais où sont les neiges d'antan ?

Novembre 1856.

VIRELAI.

A MES EDITEURS.

Barbanchu nargue la rime !
Je défends que l'on m'imprime !

La gloire n'était que frime ;
Vainement pour elle on trime,
Car ce point est résolu.
Il faut bien qu'on nous supprime :
Barbanchu nargue la rime !

Le cas enfin s'envenime.
Le prosateur chevelu
Trop long-temps fut magnanime.
Contre la lyre il s'anime,

Et traite d'hurluberlu
Ou d'un terme synonime
Quiconque ne l'a pas lu.
Je défends que l'on m'imprime.

Fou, tremble qu'on ne t'abîme!
Rimer, ce temps révolu,
C'est courir vers un abîme,
Barbanchu nargue la rime!

Tu ne vaux plus un décime!
Car l'ennemi nous décime,
Sur nous pose un doigt velu,
Et, dans son chenil intime,
Rit en vrai patte-pelu
De nous voir pris à sa glu.
Malgré le monde unanime,
Tout prodige est superflu.
Le vulgaire dissolu
Tient les mètres en estime :
Il y mord en vrai goulu !
Bah ! pour mériter la prime,

Tu lui diras : Lanturlu !
Je défends que l'on m'imprime.

Molière au hasard s'escrime,
C'est un bouffon qui se grime ;
Dante vieilli se périme,
Et Shakspere nous opprime !
Que leur art jadis ait plu,
Sur la récolte il a plu,
Et la foudre pour victime
Choisit leur toit vermoulu.
C'était un régal minime
Que Juliette ou Monime !
Descends de ta double cime,
Et, sous quelque pseudonyme,
Fabrique une pantomime ;
Il le faut, il l'a fallu.
Mais plus de retour sublime
Vers Corinthe ou vers Solyme !
Ciseleur, brise ta lime,
Barbanchu nargue la rime !

Seul un réaliste exprime
Le Beau rêche et mamelu :
En douter serait un crime.
Barbanchu nargue la rime !
Je défends que l'on m'imprime.

Novembre 1856.

BALLADE

DES TRAVERS DE CE TEMPS

Prudhomme, fier de montrer son bon goût,
 Quand il écrit des lettres, les cachète
D'un casque d'or où flotte un marabout;
Camélia prend des airs de Nichette
Et le docteur arbore une brochette.
Dès l'an passé, Montjoye eut ce travers
D'aller au bal en bottes à revers;
Sur votre front Courbet met des verrues,
Nymphe aux yeux d'or, Sirène aux cheveux verts :
Voici le temps pour les coquesigrues.

Anges bouffis et vermeils que partout
L'humble passant peut appeler : « Bichette, »
Dès que Plutus dresse quelque ragoût,
Cent Dalilas apportent leur fourchette.
Amour les guide au bruit de sa pochette.
Par le marteau forgé tout de travers,
C'est un jupon d'acier qui sert d'envers
Aux fiers appas de ces femmes ventrues,
Et ce rempart terrasse les pervers :
Voici le temps pour les coquesigrues.

On n'a plus d'or que pour Edmond About
Au Moniteur *ainsi que chez Hachette;*
C'est pour lui seul que la marmite bout
Chez Désiré comme au Café Vachette;
C'est lui qu'on prise et c'est lui qu'on achète.
Pourtant Venet écrit à L'Univers *:*
Machin (du Tarn) dans des recueils divers
Offre au public des lignes incongrues,
Et Champfleury veut supprimer les vers :
Voici le temps pour les coquesigrues.

ENVOI.

*Mon cher François, vers la Touraine et vers
Vos lys, mes chants volent aux bosquets verts.
Je sais qu'ils ont des rimes un peu crues :
C'est que depuis ces dix ou douze hivers,
Voici le temps pour les coquesigrues.*

Juillet 1856.

CHANT ROYAL.

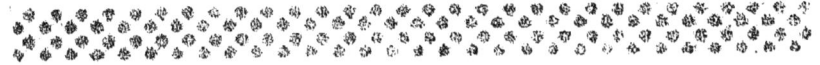

ROI des Crétins, qu'avec terreur on nomme,
Grand Coquardeau, non, tu ne mourras pas.
Lépidoptère en habit de Prudhomme,
Ta majesté t'affranchit du trépas,
Car tu naquis aux premiers jours du monde,
Avant les cieux et les terres et l'onde.
Quand le métal entrait en fusion,
Titan, instruit par une vision
Que son travail durerait la semaine,
Fondit d'abord, et par provision,
Le front serein de la Bêtise humaine.

On t'a connu dans Athène et dans Rome :
Plus tard Colomb t'a vu sous les pampas.
Mais sur tes yeux de vautour économe
Se courbait l'arc d'un sourcil plein d'appas,
Et le sommet de ta tête profonde
A resplendi sous la crinière blonde.
Que Gavarni tourne en dérision
Tes six cheveux ! Avec décision
Le déméloir en toupet les ramène :
Un dieu scalpa, comme l'Occasion,
Le front serein de la Bêtise humaine

Tu te rêvais député de la Somme
Dans les discours que tu développas,
Et, beau parleur, grâce à ton majordome,
On te voit fier de tes quatre repas.
Lorsqu'en s'ouvrant ta bouche rubiconde
Verse au hasard les trésors de Golconde,
On cause bas, à ton exclusion,
Ou chacun rêve à son évasion.
Tu n'as jamais connu ce phénomène :

Mais l'ouvrier doubla d'illusion
Le front serein de la Bêtise humaine.

Comme Pâris, tu tiens toujours la pomme.
Dans ton salon, meublé d'un fier lampas,
On boit du lait et du sirop de gomme,
Et tu n'y peux, selon toi, faire un pas
Sans qu'à ta flamme une flamme réponde.
Dans tes miroirs tu te vois en Joconde.
Jamais pourtant, cœur plein d'effusion,
Tu n'oublias ta chère infusion
Pour les rigueurs d'Iris ou de Climène.
L'espoir fleurit avec profusion
Le front serein de la Bêtise humaine.

A ton café, tu te dis brave comme
Un Perceval, et toi-même écharpas
Le rude Arpin; ta chiquenaude assomme.
Lorsque tu vas, les jambes en compas,
On croirait voir un héros de la Fronde,
Ou quelque preux, vainqueur de Trébizonde.

Mais, évitant avec précision
L'éclat fatal d'une collision,
Tu vis dodu comme un chapon du Maine,
Pour sauver mieux de toute lésion
Le front serein de la Bêtise humaine.

ENVOI.

PRINCE des sots, un système qu'on fonde,
A son aurore a soif de ta faconde.
Toi, tu vivais dans la prévision -
Et dans l'espoir de cette invasion :
Le Réalisme est ton meilleur domaine,
Car il charma dès son éclosion
Le front serein de la Bêtise humaine.

Novembre 1856.

PANTOUM.

MONSELET D'AUTOMNE

L'automne est doux; adieu, libraires!
L'oiseau chante dans le sillon.
Monselet dit à ses confrères :
« Êtes-vous or pur ou billon ? »

L'oiseau chante dans le sillon,
Le ciel dans les vapeurs s'allume.
« Êtes-vous or pur ou billon ?
» Répondez, soldats de la plume. »

Le ciel dans les vapeurs s'allume :
Ma mie, il faut aller au bois.
« Répondez, soldats de la plume.
» Ne parlez pas tous à la fois.

Ma mie, il faut aller au bois,
Là-bas où la brise soupire.
« *Ne parlez pas tous à la fois :*
» *Lequel de vous est un Shakspere?* »

Là-bas où la brise soupire
Il fait bon pour les cœurs souffrants :
« *Lequel de vous est un Shakspere ?*
» *Lequel est Balzac ? Soyez francs.* »

Il fait bon pour les cœurs souffrants :
Sur la mousse je veux qu'on m'aime.
« *Lequel est Balzac ? Soyez francs.*
— » *Balzac ? dit chacun, c'est moi-même.* »

Sur la mousse je veux qu'on m'aime,
De la seule étoile aperçu.
— « *Balzac ? dit chacun, c'est moi-même.* »
Monselet rit comme un bossu.

De la seule étoile aperçu
Qu'un baiser de feu me dévore !
Monselet rit comme un bossu.
Bon biographe, ris encore !

Qu'un baiser de feu me dévore !
Hélas ! le bonheur est si court !
Bon biographe, ris encore,
On n'entendra plus Mirecourt.

Hélas ! le bonheur est si court !
O désirs vains et téméraires !
On n'entendra plus Mirecourt,
L'automne est doux : Adieu, libraires !

Septembre 1856.

OCCIDENTALE SEPTIÈME.

NADAR.

Les soirs qu'au Vaudeville, en ce moment sauvé,
    On donne une première
Représentation ; quand le gaz relevé
    Couvre tout de lumière ;

Et, pour mieux éblouir de feux les vils troupeaux
    Aux faces inconnues,
Quand, les littérateurs déposant leurs chapeaux,
    On voit leurs têtes nues,

Chez tous ces rois à qui la notoriété
    Enseigne ses allures,
Oh ! quel spectacle étrange en sa variété
    Offrent les chevelures !

Les unes ont l'aspect de l'ébène ; voici
  Les châtaines, les fauves,
Et les beaux fronts de neige, et l'on remarque aussi
  Le bataillon des chauves.

C'est le brun Lherminier, Sasonoff et Murger,
  Et Lemer, doux lévite,
Leurs cheveux peuvent dire en chœur avec Burger,
  « Hurrah ! Les morts vont vite ! »

Louis Boyer, qui prit plus d'une Alaciel
  A plus d'un roi de Garbe,
Dissimule son nez, organe essentiel,
  Sous de grands flots de barbe.

Son visage pourtant n'est pas seul envahi
  Comme celui d'un Serbe,
Et de Goy, dont les mots ont un parfum d'Aï,
  N'est pas non plus imberbe !

Car le temps qui sourit de se voir encensé
  Par ceux dont il se joue,
Met, comme un lierre épars, ce feuillage insensé
  Autour de notre joue !

Louis Lurine, habile à bien lancer les dards,
    En a les tempes bleues.
Asselineau pourrait fournir des étendards
    Aux pachas à trois queues.

Méry, chêne au milieu d'arbustes rabougris,
    A vaincu les épreuves ;
Il est majestueux et fort sous son poil gris
    Comme les dieux des fleuves.

Dumas qui pourrait seul, Phébus Éthiopien,
    Chanter la sage Hélène,
Abrite des éclairs son crâne olympien
    Sous des touffes de laine ;

Mirecourt dans son ombre, antre de noirs projets,
    Tente de noyer Planche,
Et René Lordereau dans ses boucles de jais
    Garde une mèche blanche.

Villemessant, mêlé, comme les vieux railleurs,
    De faune et de satyre,
Se coiffe en brosse. Et puis j'en passe, et des meilleurs !
    Mais qui pourrait tout dire ?

Théo, roi de l'azur où la Muse le suit,
  Amant de la Chimère,
En secouant sa tête, à l'entour fait la nuit,
  Comme un héros d'Homère,

Et Barrière qui va cherchant la vérité
  Sans songer à sa gloire,
Montre pleins d'ouragans des yeux d'aigle irrité
  Sous une forêt noire.

A côté d'eux on voit les blonds : C'est Dumas fils
  Dont l'ample toison frise,
C'est Gaiffe, dont la joue est neige, ivoire et lys,
  Et la lèvre cerise.

C'est Castille aux anneaux crépés ; ses yeux ont lui
  Pour quelque étrange rêve,
Et son chef lumineux brille comme celui
  De notre grand'-mère Ève.

Voillemot resplendit comme un jeune Apollon.
  Fabuleux météore,
Sa tête radieuse au milieu d'un salon
  Fait l'effet d'une aurore.

Banville montre un front qui n'a rien de commun.
A tort il l'accompagne
De trois crins hérissés avec fureur, comme un
Savetier de campagne.

Arsène Houssaye, à qui souvent, le cœur troublé,
Rêvent les jeunes filles,
A des cheveux pareils à ceux des champs de blé
Tombant sous les faucilles.

Ils sont d'or pâle; ceux du poëte nouveau
Qui, dans des vers bizarres,
A nommé le public : « Bête à tête de veau, »
Sont jaunes, fins et rares.

La Madelène est rose, et Marchal est vermeil
D'une façon hardie,
Mais Nadar sur son front aux comètes pareil
Arbore l'incendie !

Décembre 1856.

OCCIDENTALE HUITIÈME.

Mourir de la poitrine
Quand j'ai ces bras de lys,
La lèvre purpurine,
Les cheveux de maïs
Et cette gorge rose,
Ah ! la vilaine chose !
Quel poète morose
Est donc ce Dumas fils !

Je fuis, pauvre colombe,
Le zéphyr accablant,
Je m'incline et je tombe
Comme un roseau tremblant,

Car, j'en ai fait le pacte,
Il faut qu'en femme exacte,
Au bout du cinquième acte,
J'expire en peignoir blanc !

Pourtant, j'aime une vie
Qu'un immortel trésor
Poétise, ravie,
Dans un si beau décor ;
J'aime pour mes extases
Les feux des chrysoprases,
Les rubis, les topazes,
Les tas d'argent et d'or !

Paris est une ville
Où mille voyageurs
Cherchent au Vaudeville
De pudiques rougeurs,
Où toute jeune fille
Aux façons de torpille
Peut avoir ce qui brille
Aux vitres des changeurs !

J'aime cette lumière
Qui, des lustres fleuris,
Tombe aux soirs de première
Sur ma poudre de riz,
Quand, aux loges de face,
Ma petite grimace,
Malgré leur pose, efface
Cerisette et Souris.

J'aime qu'en ma fournaise
Un lingot fonde entier,
Et que, pour me rendre aise
Avec un luxe altier
Qui ne soit pas un mythe,
Franchissant la limite (1),
Plus d'un caissier imite
Grelet et Carpentier !

J'aime que le vieux comte
Soit réduit aux abois
En refaisant le compte
Des perles que je bois,

(1) Quand la borne est franchie, il n'est plus de limites.
PONSARD, *L'Honneur et l'Argent.*

Enfin, cela m'allèche
De sentir ma calèche
Voler comme une flèche
Par les détours du bois !

J'aime que l'on me bouge
Un grand miroir princier,
Pour me poser ce rouge
Qui plaît à mon boursier,
Tandis que ma compagne,
Brune fille d'Espagne,
Sur l'orgue m'accompagne
Des chansons de Darcier !

Mais surtout, quand, dès l'aube,
S'éloigne mon sous-chef
Natif d'Arcis-sur-Aube,
Renvoyé d'un ton bref,
Dans ma main conquérante
J'aime à tenir quarante
Nouveaux coupons de rente,
Et du papier-Joseph !

Janvier 1857.

OCCIDENTALE NEUVIÈME.

RÉALISME.

Grâces, ô vous que suit des yeux dans la nuit brune
Le pâtre qui vous voit, par les rayons de lune,
Bondir sur le tapis folâtre des gazons,
Dans votre vêtement de toutes les saisons !
Et toi qui fais pâmer les fleurs quand tu respires,
Fleur de neige, ô Cypris, toi, mère des sourires,
Dont le costume entier, même après fructidor,
Se compose de lys avec des frisons d'or !
Et toi, rouge Phébus, dieu ! lumière ! épouvante !
Toi que Délos révère et que Ténédos vante,
Toi qui dans ta fureur lances au loin des traits
Et qu'à présent on force à faire des portraits,
Partisan des linons et des minces barèges,

Patron des fabricants d'ombrelles, qui protèges
Chryse, et qui ceins de feux la divine Cilla,
Regardez ce que font ces imbécilles-là !

    Regardez ces farceurs en costume sylvestre !
Ils agitent leurs bras comme des chefs d'orchestre ;
Ils se sont tous grisés de bière chez Andler,
Et les voici qui vont graves, les yeux en l'air,
Rouges pourpre, dirait Mathieu, quant au visage,
Et curieux de voir un bout de paysage.
Ils plantent en cerceaux des manches à balais,
Et se disent : « Voilà des arbres, touchez-les ! »
Sur le bord d'un trottoir ils vident leur cuvette
En s'écriant : « La mer ! je vois une corvette ! »
Un singe passe au dos d'un petit savoyard,
Ils murmurent : « Amis, saluons ce boyard ! »

    Embusqués en troupeaux à l'angle de trois rues,
Sur les fronts des passants ils collent des verrues,
Puis, abordant leur homme avec un air poli :
« Monsieur, demandent-ils, ce nez est-il joli ?
» Vous aimez les nez grecs, c'est là ce qui vous trompe !
» Oh ! laissez-moi vous coudre à la place une trompe ! »

Celui-ci, rencontrant Marinette ou Marton,
Lui met sur le visage un masque de carton;
Celui-là vous arrête et vous souffle la panse,
Et répète : « Le beau n'est pas ce que l'on pense ! »
Bientôt, grâce à leurs soins d'artistes, autour d'eux
La foule a pris l'aspect d'un cauchemar hideux :
Ce ne sont qu'oriflans, caprimulges, squelettes,
Stryges entrechoquant leurs gueules violettes,
Mandragores, dragons, origes, loups-garous,
Tarasques; c'est alors que le plus fort d'eux tous,
De la voix d'un mouton qu'on égorgerait, bêle :
« Par Ornans et le Doubs! Que la nature est belle ! »
    Extasiés alors des sourcils à l'orteil,
Effarés, éblouis, prenant pour le soleil
La chandelle à deux sous que Margot leur allume,
Ils cherchent l'ébauchoir, les brosses ou la plume,
Et, comme Bilboquet pour le maire de Meaux,
Au lieu d'êtres humains, ils font des animaux
Encore non classés par les naturalistes :
Excusez-les, Seigneur, ce sont des réalistes !
    Mais, puisqu'au lieu de lire un livre de crétin,

J'aime à sentir au bois les muguets et le thym,
Puisque la foi nouvelle a des argyraspides
Qui heurtent leur fer-blanc ; puisque les moins stupides
De ce temps sont encor les faiseurs de rébus,
O Cypris aux cheveux de flamme, et toi, Phébus !
Puisque je ne suis pas, moi charmé dans vos fêtes,
De l'avis de Gozlan, sur ce que les poètes
Durent un demi-siècle à peine ; puisque j'ai
Pour maîtres de bon sens Phyllis et Lalagé ;
Puisque j'aime bien mieux faire voler des bulles
De savon, que d'écrire une œuvre aux Funambules.
Et puisque, même en grec, sans le père Brumoy,
Les grecs valaient monsieur Chose, permettez-moi,
Au lieu de voir courir tous ces porteurs de chaînes,
De me coucher pensif sous l'ombrage des chênes !
   Permettez-moi d'y vivre inutile, étendu
Sur l'herbe, m'énivrant d'un frisson entendu,
Et d'admirer aussi la rose coccinelle,
Et d'aider seulement de ma voix fraternelle,
Cependant que rugit cette meute aux abois,
Le champignon sauvage à pousser dans les bois !
   Janvier 1857.

OCCIDENTALE DIXIÈME.

MARCHANDS DE CRAYONS

Rose pleurait : Un bon jeune homme
Voulut la consoler un brin.
— « Ah ! de quelque nom qu'on vous nomme,
» Dit-elle, vous allez voir comme
» J'ai raison d'avoir du chagrin !

» Pour Meaux, ayant plié ma tente,
» En avril dernier je partis.
» J'allais hériter de ma tante,
» Dont la dépouille aujourd'hui tente
» Une foule de bons partis.

» *Mais ce n'est pas dans la province*
» *Que resplendit mon firmament :*
» *C'est ici que loge mon prince,*
» *L'homme pour qui mon cœur se pince,*
» *Mon Arthur, mon tout, mon amant !*

» *Loin de lui mon âme est funèbre ;*
» *A sa voix qui me fait rêver*
» *J'étais docile comme un zèbre !*
» *C'est un individu célèbre :*
» *Où pourrai-je le retrouver ?*

» *Car en vain mon regard se dresse !*
» *Comme Arthur ne m'a pas écrit,*
» *J'ignore en tout point son adresse.*
» *Comment donc faire avec adresse*
» *Ce que mon désir me prescrit ?*

» *O tristesse ! jusqu'à la lie*
» *Je te savoure et je te bois.*
» *Sa rue, hélas ! est démolie :*
» *Je vois avec mélancolie*
» *Que l'on y pose un mur de bois !* »

— « *Ne pleurez pas, Mademoiselle,*
» *Dit le bon jeune homme éperdu*
» *A Rose, en se penchant vers elle;*
» *Vous allez voir avec quel zèle*
» *Nous chercherons l'Arthur perdu !*

» *Puisqu'il s'agit d'un homme illustre,*
» *Venez au bal de l'Opéra.*
» *Vous le trouverez sous le lustre*
» *Appuyé sur quelque balustre !*
» *Pour l'entrée, on vous la paiera* »

Les voici tous deux à la fête,
Dans cet endroit, prestigieux
Depuis les tapis jusqu'au faîte,
Où la réunion est faite
De ce que Paris a de mieux.

Tout est couleur, lumière, flamme,
Et l'on s'étouffe à trépasser.
Le bon jeune homme dit : — « *Madame,*
» *Cherchez bien l'ami de votre âme*
» *Parmi les gens qui vont passer.*

» *A-t-il quelque prééminence*
» *Sur l'élite de ces lions*
» *Du report et de la finance,*
» *Chez qui la moindre lieutenance*
» *Vaut au moins quinze millions ?*

» *Voici le maître de Marseille,*
» *Lireux, Solar grave et pensif,*
» *Millaud, à qui Phébus conseille*
» *La bienfaisance, et qui s'éveille*
» *Dans une maison d'or massif !*

» *Puis voici la cohorte insigne*
» *Des artistes, cerveaux en fleur ;*
» *Hamon, gracieux comme un cygne*
» *Galimard qui cherche la ligne,*
» *Préault, qui trouve la couleur !*

» *Puis Masson, fort de ses magies,*
» *Et Couture, épris des hasards :*
» *Tous deux à travers les orgies*
» *Ont vu passer, de sang rougies,*
» *Les ombres pâles des Césars.*

» *Voici Millet, voici Christophe,*

» *Et tous les fils de Phidias,*

» *Et Chenavard, ce philosophe,*

» *Aveuglé par un bout d'étoffe*

» *Que chiffonne en causant Diaz.*

» *Voici des acteurs, Hyacinthe,*

» *Fréderick, Fechter; admirons*

» *Grassot, qu'on abreuve d'absinthe,*

» *Et Gueymard qui dans cette enceinte*

» *Assourdit la voix des clairons !*

» *Puis voici les porteurs de lyre,*

» *Les meilleurs Homères du jour,*

» *Ceux que vers son calvaire attire*

» *Encore le double martyre*

» *Fait de poésie et d'amour !*

» *Voici Musset, dieu de la ville,*

» *Et Dupont maître de son pré,*

» *Et Sainte-Beuve et Théophile,*

» *Chanteur pour qui la muse file*

» *Des jours tissus d'un fil pourpré.*

» *Voici Bouilhet, que tu conseilles,*
» *Naïade antique au front de lys,*
» *Philoxène amant de merveilles*
» *Qui, tout enfant, vit les abeilles*
» *Baiser les lèvres de Myrtis.*

» *Puis, dans ce torrent qui s'épanche,*
» *Voici les frères de Goncourt ;*
» *Mirecourt acharné sur Planche,*
» *Et Monselet à la main blanche*
» *Vers qui la Renommée accourt.*

» *Orgueil des nouvelles déesses,*
» *Voici les trois frères Lévy,*
» *Tous si ruisselants de richesses*
» *Que les banquiers et les duchesses*
» *Les accostent d'un air ravi.*

» *Connais-tu l'homme plein d'audace*
» *Devant ces hardis triumvirs,*
» *Qui les regarde face à face,*
» *Et dont la jeune presse efface*
» *L'ancien blason des Elzévirs ?*

» *C'est un fils d'Apollon et d'Ève,*
» *Le typographe Malassis,*
» *Que tout bas invoque sans trêve*
» *Le poète inédit qui rêve,*
» *Triste, et sur une malle assis.*

» *Voici Vitu, chez qui s'allie*
» *A l'esprit, l'or d'un podesta;*
» *Fauchery, venu d'Australie*
» *Avec cette douce folie*
» *Que de Bohême il emporta;*

» *Puis Lherminier des Amériques!*
» *Murger, aux pompons éclatants,*
» *Vide tous ses écrins féeriques.*
» *Gozlan jure que les lyriques*
» *Dureront au plus cinquante ans!*

» *O sœur de l'aube orientale,*
» *Regardez bien tous ces héros!*
» *Car ils sont le luxe qu'étale*
» *Notre immortelle capitale :*
» *Après eux tout n'est que zéros.* »

Il dit. La malheureuse fille
Ignorante de son destin
Et rapide comme une anguille,
Vers le flot confus qui fourmille
Leva ses deux pieds de satin.

Sa vue à travers une houle
Plongea dans les rangs espacés
Des gens fameux ; puis dans la foule
Elle tomba, lys que l'on foule !... —
Ces timbaliers étaient passés.

— « *Mais*, hasarda tout bas son guide
» *Alors qu'elle reprit ses sens,*
» *Quel peut donc être, enfant candide,*
» *L'homme célèbre, mais perfide,*
» *Qui n'est pas parmi ces passants ?*

» *Il n'est pas peintre ? C'est étrange.*
» *Alors, quel succès est le sien ?*
» *Il n'est donc pas, non plus, mon ange,*
» *Poète, ou bien agent de change ?*
» *Ni boursier ? ni musicien ?* »

— « *Si, répondit-elle, il se pique*
» *D'être un merveilleux baryton,*
» *Et, malgré son joli physique,*
» *Il fait souvent de la musique*
» *Avec son cornet à piston!*

» *Son bonnet brille comme un phare*
» *Sur son costume officiel,*
» *Lorsque, aux éclats de sa fanfare,*
» *Le moineau franc tremble et s'effare*
» *Et s'enfuit vers l'azur du ciel!*

» *Il aimait à faire tapage*
» *Par les beaux jours pleins de rayons,*
» *Assis en vêtement de page*
» *Sur le sommet d'un équipage,*
» *Derrière un marchand de crayons!*

» *Que de fois j'ai voulu les suivre,*
» *Mêlant mon cœur à l'instrument*
» *Qui répand les notes de cuivre,*
» *Comme la gargouille et la guivre*
» *Se mêlent au noir monument!*

» *Car leurs coussins étaient deux trônes,*
» *Quand mon Arthur sonnait du cor*
» *Près de Mangin en galons jaunes,*
» *Qui sent des plumets de deux aunes*
» *Frissonner sur son casque d'or!* »

Janvier 1857.

PREMIER SOLEIL.

Italie, Italie, ô terre où toutes choses
Frissonnent de soleil, hormis tes méchants vins !
Paradis où l'on trouve avec les lauriers-roses
Des sorbets à la neige et des ballets divins !

Terre où le doux langage est rempli de diphtongues !
Voici qu'on pense à toi, car voici venir Mai,
Et nous ne verrons plus les redingottes longues
Où tout parfait dandy se tenait enfermé.

Sourire du printemps, je t'offre en holocauste
Les manchons, les albums et le pesant castor.
Hurrah ! gais postillons, que les chaises de poste
Volent, en agitant une poussière d'or !

Les lilas vont fleurir, et Ninon me querelle,
Et ce matin j'ai vu Mademoiselle Ozy
Près des Panoramas déployer son ombrelle :
C'est que le triste hiver est bien mort, songez-y !

Voici dans le gazon les corolles ouvertes,
Le parfum de la sève embaumera les soirs,
Et, devant les cafés, des rangs de tables vertes
Ont par enchantement poussé sur les trottoirs.

Adieu donc, nuits en flamme où le bal s'extasie !
Adieu concerts, scotishs, glaces à l'ananas,
Fleurissez maintenant, fleurs de la Fantaisie,
Sur la toile imprimée et sur le jaconas !

Et vous, pour qui naîtra la saison des pervenches,
Rendez à ces zéphyrs, que voilà revenus,
Les légers mantelets avec les robes blanches,
Et dans un mois d'ici vous sortirez bras nus !

Bientôt, sous les forêts qu'argentera la lune,
S'envolera gaiement la nouvelle chanson ;
Nous y verrons courir la rousse avec la brune,
Et Musette et Nichette avec Mimi Pinson !

Bientôt tu t'enfuiras, ange Mélancolie,
Et dans le Bas-Meudon les bosquets seront verts.
Débouchez de ce vin que j'aime à la folie,
Et donnez-moi Ronsard, je veux lire des vers.

Par ces premiers beaux jours la campagne est en fête
Ainsi qu'une épousée, et Paris est charmant.
Chantez, petits oiseaux du ciel, et toi, poète,
Parle ! nous t'écoutons avec ravissement.

C'est le temps où l'on mène une jeune maîtresse
Cueillir la violette avec ses petits doigts,
Et toute créature a le cœur plein d'ivresse
Excepté les pervers et les marchands de bois !

Avril 1854.

LA VILLE ENCHANTÉE.

Il est de par le monde une cité bizarre,
Où Plutus en gants blancs, drapé dans son manteau,
Offre une cigarette à son ami Lazare,
Et l'emmène souper dans un parc de Watteau.

Les centaures fougueux y portent des badines;
Et les dragons, au lieu de garder leurs trésors,
S'envont sur le minuit, avec des baladines,
Faire un maigre dîner dans une maison d'or.

C'est là que parle et chante avec des voix si douces,
Un essaim de beautés plus nombreuses cent fois,
En habit de satin, brunes, blondes et rousses,
Que le nombre infini des feuilles dans les bois !

O pourpres et blancheurs ! neiges et rosiers ! L'une
En découvrant son sein plus blanc que la Jung-Frau,
Cause avec Cyrano qui revient de la lune,
L'autre prend une glace avec Cagliostro.

C'est le pays de fange et de nacre de perle ;
Un tréteau sur les fûts du cabaret prochain,
Spectacle où les décors sont peints par Diéterle,
Cambon, Thierry, Séchan, Philastre et Despléchin;

Un théâtre en plein vent, où, le long de la rue,
Passe, tantôt de face et tantôt de profil,
Un mimodrame avec des changements à vue,
Comme ceux de Gringoire et du céleste Will.

Là, depuis Idalie, où Cypris court sur l'onde
Dans un brougham de nacre attelé d'un dauphin,
Vous voyez défiler tous les pays du monde,
Avec un air connu, comme chez Séraphin.

La belle au bois dormant, sur la moire fleurie
De la molle ottomane où rêve le chat Murr,
Parmi l'air rose et bleu des feux de la féerie
S'éveille après cent ans sous un baiser d'amour.

La Chinoise rêveuse assise dans sa jonque,
Les yeux peints, et les bras ceints de perles d'Ophir,
D'un ongle de rubis rose comme une conque
Agace sur son front un oiseau de saphir.

Sous le ciel étoilé, trempant leurs pieds dans l'onde
Que parfume la brise et le gazon fleuri,
Et d'un bois de senteur couvrant leur gorge blonde,
Dansent à s'enivrer les bibiaderi.

Là, belles des blancheurs de la pâle chlorose,
Et confiant au soir les rougeurs des aveux,
Les vierges de Lesbos vont sous le laurier-rose
S'accroupir dans le sable et causer deux à deux.

La reine Cléopâtre, en sa peine secrète,
Tandis que le festin rayonne, éblouissant,
Laisse tomber sa perle au fond du vin de Crète,
Et sa pourpre et sa lèvre ont des lueurs de sang.

Voici les beaux palais où sont les hétaïres,
Lys pâles de Corinthe et roses de Milet,
Qui, dans des bains de marbre, au chant divin des lyres,
Lavent leurs pâles corps avec un flot de lait.

Au fond de ces séjours à pompe triomphale,
Où l'or met des rayons dans les yeux éblouis,
Hercule enrubané file aux genoux d'Omphale,
Et Diogène dort sur le sein de Laïs.

Salut, jardin antique, ô Tempé familière
Où le grand Arouët a chanté Pompadour,
Où passaient avant eux Louis et La Vallière,
La lèvre humide encor de cent baisers d'amour !

C'est là que soupiraient aux pieds de la dryade,
Dans la nuit bleue, à l'heure où sonne l'angelus,
Et le jeune Lauzun, fier comme Alcibiade,
Et le vieux Richelieu, beau comme Antinoüs.

Mais, ce qui me séduit, et ce qui me ramène
Dans la verdure, où j'aime à soupirer le soir,
Ce n'est pas seulement Phyllis et Dorimène,
Avec sa robe d'or que porte un page noir.

C'est là que vit encor le peuple des statues
Sous ses palais taillés dans les mélèzes verts,
Et que le chœur charmant des nymphes demi-nues
Pleure et gémit avec la brise des hivers.

Les Naïades sans yeux regardent les grands arbres
Pousser de longs rameaux qui blessent leurs beaux seins,
Et, sur ces seins meurtris croisant leurs bras de marbres,
Augmentent d'un ruisseau les larmes des bassins.

Aujourd'hui les wagons, dans ces steppes fleuries
Devancent l'hirondelle en prenant leur essor,
Et coupent dans leur vol ces suaves prairies,
Sur un ruban de fer qui borde un chemin d'or.

Ailleurs, c'est le palais d'Italie et de Grèce
Où règnent des bergers et des dieux demi-nus,
Pour le quel Titien a donné sa maîtresse,
Où Phidias a mis les siennes, ses Vénus !

Et maintenant, voici la coupole féerique
Où, près des flots d'argent, sous les lauriers en fleurs,
Le grand Orphée apporte à la Grèce lyrique
La lyre que Sapho baignera dans les pleurs.

O ville où le flambeau de l'univers s'allume !
Aurore dont l'œil bleu, rempli d'illusions,
Tourné vers l'Orient, voit passer dans sa brume
Des foyers de splendeur étoilés de rayons !

*Ce théâtre en plein vent bâti dans les étoiles,
Où passent à la fois Cléopâtre et Lola,
Où défile en dansant, devant les mêmes toiles,
Un peuple chimérique en habit de gala ;*

*Ce pays de soleil, d'or et de terre glaise,
Cette étrange cité, c'est Athène ou Paris,
Eldorado du monde, où la fashion anglaise
Importe deux fois l'an ses tweds et ses paris.*

*Pour moi, c'est dans un coin du salon d'Aspasie,
Sur l'album éclectique où, parmi nos refrains,
Phidias et Diaz ont mis leur fantaisie,
Que je rime cette ode en vers alexandrins.*

OCCIDENTALE ONZIEME.

LE CRITIQUE EN MAL D'ENFANT

Ce critique célèbre est mort en mal d'enfant.
Quel critique ! Il était fort comme un éléphant,
    Vif et souple comme une anguille.
S'il étirait un peu ses membres avec soin
Il enjambait la mer, et savait au besoin
    Passer par le trou d'une aiguille.

Au spectacle c'était charmant. Comme il jasait !
L'article Frederick, l'article Déjazet
    Pour lui ne gardaient pas d'arcanes.
Quant à ce qu'on appelle en ce temps-ci : « des mots, »
Il en laissait toujours au milieu des marmots
    Sept ou huit au bureau des cannes.

*Il avait de l'esprit comme Jules Janin
Et comme Beaumarchais ; le sourcil léonin
  De ce Jupiter de la rampe
Faisait tout tressaillir, Achilles, Arlequins
Et Gilles ; devant lui ces porte-brodequins
  Etaient comme le ver qui rampe.*

*Ce n'était qu'or et pourpre à tous ses dévidoirs.
Des myrtes qu'il avait cueillis dans les boudoirs
  On eût chargé vingt dromadaires,
Et certe, il s'en fallait peu qu'il ne mît à bas
La Presse, La Patrie et même Les Débats
  Par ses succès hebdomadaires.*

*On disait : « Prémaray, ce divin bijoutier,
» A pourtant le ciseau moins agile, et Gautier
  » La touche moins fine et moins grasse ;
» Saint-Victor et Méry, coloristes vermeils,
» Ne peignent pas si bien les cheveux des soleils :
  » Janin lui-même a moins de grâce. »*

*Il n'était pas heureux pourtant. Devant son feu
Où parfois en silence il voyait d'un œil bleu
   Mourir en cendre un demi-stère,
Des spectres noirs, sortis du fond de l'encrier,
Le talonnaient. C'est bien le cas de s'écrier
   Ici : « Quel est donc ce mystère ?*

*Ou bien il était triste en même temps que gai,
Mélant De Profundis avec Ma mie, ô gué !
   Telle en ces paysages qu'orne
Une blanche fontaine aux paillettes d'argent,
La Lune, astre des nuits, folâtre mais changeant,
   Montre ensemble et cache une corne.*

*Tel vous pouvez le voir gravé par Henriquel ;
Et voici le fin mot : le malheur pour lequel,
   Poussant des plaintes étouffées,
Il laissait tant languir son âme en désarroi,
C'était de n'avoir pas d'enfants, comme ce roi
   Qu'on voit dans les contes de fées.*

Parfois contemplant seul, le front chargé d'ennuis,
Les clous de diamants sur le plafond des nuits,
  Il invoquait les Muses, l'une
Ou l'autre, et leur disait : « Erato, mon trésor !
» *Thalie ! ô Melpomène à la chaussure d'or ! »*
  Il disait à la Lune · « O Lune !

» *Ne m'inspirerez-vous aucun ouvrage? rien ?*
» *Quoi ! pas même un nouveau système aérien ?*
  » *Un livre sur l'architecture?*
» *Un vaudeville, grand de toute ma hauteur ?*
» *Ne deviendrai-je point ce qu'on nomme un auteur*
  » *Dans les cabinets de lecture? »*

» *Oui, la gloire est à moi, j'ai su m'en emparer,*
» *Et, ne produisant rien, je puis me comparer*
  » *Aux filles qu'on marie honnêtes;*
» *Je reste magnifique autant que paresseux,*
» *Oui, mais ne pouvoir être à mon tour un de ceux*
  » *Qui montrent les marionnettes!*

» *Ni ce Lesage, hélas! ni cet abbé Prévost!*
» *Ni ce vieux Poquelin sur qui rien ne prévaut!*
　　» *Ni ce Ronsard, ni ce Malherbe!*
» *Danser toujours, pareil à Madame Saqui!*
» *Sachez le donc, ô Lune, ô Muses, c'est ce qui*
　　» *Me fait verdir comme de l'herbe!*

» *Oh! que ne puis-je, enflant cette bouche, hardi,*
» *Hurler ces drames noirs que signe Bouchardy,*
　　» *Ou bien par un grand élan d'aile,*
» *Faire enfin, n'étant plus un eunuque au sérail,*
» *Des romans comme ceux de Ponson du Terrail*
　　» *Ou du ténébreux La Landelle!* »

Il le faut, tôt ou tard un dénouement a lieu.
Or, la nymphe d'une eau thermale, ou quelque dieu
　　Mettant le nez à la fenêtre,
Voulut prendre en pitié l'illustre paria.
Notre homme devint gros, et chacun s'écria :
　　» *Quelque chose de fort va naître.* »

Lui se tordait avec mille contorsions
De gésine. Ebloui par les proportions
Enormes de sa masse abrupte,
Le prenant pour un mont, Préault disait : « Oh ! ça
» C'est Pélion, ou bien son camarade Ossa :
Allez vous en, que je le sculpte !

Et l'attente dura dix ans. Les médisants
Comme un chœur de vieillards répétèrent dix ans
A la foule en s'approchant d'elle :
» Tu prépares ton clair lorgnon, mais vainement.
» Va plutôt voir Guignol que cet évènement :
» Le jeu n'en vaut pas la chandelle ! »

Enfin, pour accoucher le moderne Pança,
On prit tout bonnement une épingle : on pensa
Le vider comme un œuf d'autruche.
Il ne sortit pas même, ô rage ! une souris
De ce ventre dont l'orbe excita nos souris :
Le critique était en baudruche !

Janvier 1857.

OCCIDENTALE DOUZIÈME.

> J'ai l'amour-propre de me croire le seul artiste véritablement sérieux de notre époque (vous voyez que j'ai le courage de mes opinions).
>
> THOMAS COUTURE, lettre à M. de Villemessant. *Figaro* du 28 janvier 1857.

Puisque, hormis *Couture*,
    Les professeurs
Qui font de la peinture
    Sont des farceurs ;

Puisque ce dogmatiste
    Mystérieux
Reste le seul artiste
    Bien sérieux,

Puisque seuls les gens pingres
Ont le dessein
D'admirer encore Ingres
Et son dessin ;

Puisque tout ce qui cause
Dit que la croix
Fut offerte sans cause
A Delacroix ;

Puisque toute la Souabe
Sait que Decamps
N'a jamais vu d'Arabe
Ni peint de camps ;

Puisque, même au Bosphore,
Chacun saura
Que Fromentin ignore
Le Sahara ;

Puisque, sous les étoiles
L'univers n'est
Pas encombré des toiles
Que fait Vernet ;

Puisque l'homme féroce
  Nommé Troyon
Ne connaît ni la brosse
  Ni le crayon ;

Puisque dans nul ouvrage
  Rosa Bonheur
Ne rend le labourage
  Avec bonheur ;

Puisqu'on doit sans alarme
  Croiser le fer
Contre tous ceux que charme
  Ary Scheffer ;

Puisqu'en vain les Osages,
  Ont par lazzi
Loué les paysages
  De Palizzi ;

Puisque, sans argutie,
  On peut nier
L'exacte minutie
  De Meissonier ;

Puisqu'à moins qu'on soit ivre
De très-bon vin,
On ne saurait pas vivre
Près d'un Bonvin;

Puisque l'on ne réserve
Ni Daumier, ni
L'étincelante verve
De Gavarni,

Puisqu'il faut les astuces
D'un Esclavon
Pour célébrer les Russes
D'Adolphe Yvon;

Foin des gens qui travaillent
Pour nous berner !
Que tous les peintres aillent
Se promener !

Puisque seul il s'excepte
Avec grand sens,
Ah ! que Couture accepte
Tout notre encens !

Que lui seul soit Apelle !
Que Camoëns
Ressuscité, l'appelle
Aussi Rubens !

Qu'il parle à ses apôtres !
En Iroquois ?
On ira dire aux autres
De rester cois !

Pose ton manteau sombre
Sur ce qu'ils font ;
Couvre les de ton ombre,
Oubli profond !

Et poursuis comme Oreste,
Fatalité,
Ce chœur dont rien ne reste,
Couture ôté !

Janvier 1857.

BALLADE.

Mon bon ami, poète aux longs cheveux,
Joueur de flûte à l'humeur vagabonde,
Pour l'an qui vient je t'adresse mes vœux :
Enivre-toi, dans une paix profonde,
Du vin sanglant et de la beauté blonde.
Comme à Noël, pour faire réveillon
Près du foyer en flamme, où le grillon
Chante à mi-voix pour charmer ta paresse,
Toi, vieux Gaulois et fils du vieux Villon,
Vide ton verre et baise ta maîtresse.

Chante, rimeur, ta Jeanne et ses grands yeux,
Et cette lèvre où le sourire abonde ;
Et que tes vers à nos derniers neveux,
Sous la toison dont l'or sacré l'inonde,
La fassent voir plus belle que Joconde.
Les amours nus, pressés en bataillon,
Ont des rosiers broyé de vermillon
Sur le beau sein de cette enchanteresse.
Ivre déjà de voir son cotillon,
Vide ton verre et baise ta maîtresse.

Une bacchante, aux bras fins et nerveux,
Sur les coteaux de la chaude Gironde,
Avec ses sœurs, dans l'ardeur de ses jeux,
Pressa les flancs de la grappe féconde
D'où ce vin clair a coulé comme une onde.
Si le Désir, aux yeux d'émerillon,
T'enfonce au cœur son divin aiguillon,
Profites-en ; l'Ame, disait la Grèce,
A pour nous fuir l'aile d'un papillon :
Vide ton verre et baise ta maîtresse.

ENVOI.

Ma muse, ami, chante au premier rayon :
S'il est de pourpre, elle aime son haillon,
Et me répète à travers son ivresse,
En secouant son léger carillon :
Vide ton verre et baise ta maîtresse.

Décembre 1856.

LE SAUT DU TREMPLIN.

Clown admirable, en vérité !
Je crois que la postérité
Dont sans cesse l'horizon bouge,
Ne le nommera qu'en tremblant.
Il était barbouillé de blanc,
De jaune, de vert et de rouge.

Même jusqu'à Madagascar
Son nom était parvenu, car
C'était selon tous les principes
Qu'après les cercles de papier,
Sans jamais les estropier
Il traversait le rond des pipes.

*Il s'élevait à des hauteurs
Telles, que les autres sauteurs
Se consumaient en luttes vaines.
Ils le trouvaient décourageant,
Et murmuraient : « Quel vif-argent
» Ce démon a-t-il dans les veines ? »*

*Tout le peuple criait : « Bravo ! »
Mais lui, par un effort nouveau,
Semblait roidir sa jambe nue,
Et, sans que l'on sût avec qui,
Cet émule de la Saqui
Parlait bas en langue inconnue.*

*C'était avec son cher tremplin.
Il lui disait : « Théâtre, plein
» D'inspiration fantastique,
» Tremplin qui tressailles d'émoi
» Quand je prends un élan, fais moi
» Bondir plus haut, planche élastique !*

» *Frêle machine aux reins puissants,*
» *Fais-moi bondir, moi qui me sens*
» *Plus agile que les panthères,*
» *Si haut que je ne puisse voir*
» *Avec leur cruel habit noir*
» *Ces épiciers et ces notaires !*

» *Par quelque prodige pompeux,*
» *Fais moi monter, si tu le peux,*
» *Jusqu'à ces sommets où, sans règles,*
» *Embrouillant les cheveux vermeils*
» *Des planètes et des soleils,*
» *Se croisent la foudre et les aigles.*

» *Plus haut encor, jusqu'au ciel pur !*
» *Jusqu'à ce lapis dont l'azur*
» *Couvre notre prison mouvante !*
» *Jusqu'à ces rouges Orients*
» *Où marchent des dieux flamboyants,*
» *Fous de colère et d'épouvante.*

» *Plus loin! plus haut! je vois encor*
» *Des boursiers à lunettes d'or,*
» *Des critiques, des demoiselles*
» *Et des réalistes en feu.*
» *Plus haut! plus loin! de l'air! du bleu!*
» *Des ailes! des ailes! des ailes!* »

Enfin, de son vil échafaud,
Le clown sauta si haut, si haut,
Qu'il creva le plafond de toiles
Au son du cor et du tambour,
Et, le cœur dévoré d'amour,
Alla rouler dans les étoiles.

Février 1857.

TABLE.

Préface.	I
La corde roide.	XVII
Le Mirecourt. — Occidentale première	1
Mort de Shakespere. — Triolet premier.	4
Si Limayrac devenait fille. — Balancelle.	5
Néraut, Tassin et Grédell. — Triolet deuxième.	8
A... le baigneur. — Occidentale deuxième.	9
Néraut. — Triolet troisième.	14
Villanelle de Buloz	15
Tassin. — Triolet quatrième.	17
A Mademoiselle ***. — Villanelle.	18
Mademoiselle Michonnet. — Triolet cinquième.	21
La tristesse d'Oscar. — Occidentale troisième.	22
Chanson sur l'air des Landriry	27
Académie royale de mus. — Triolet sixième.	34
Chanson sur l'air des hirondelles de Félicien David	35

TABLE.

Le plan dans l'Odéon — Occidentale quatrième.	36
Méditation poétique et littéraire.	41
Critique d'art — Triolet septième.	43
A un ami pour lui réclamer le prix d'un travail littéraire.	44
Du temps que Pélot poursuivait vainement Abd-el-Kader. — Triolet huitième.	48
L'Odéon — Occidentale cinquième.	49
Rouen n'est plus vertueux —Rondeau premier.	52
Age de M. Paulin Limayrac — Triolet neuvième.	54
Lisette — Rondeau deuxième.	55
Bonjour, monsieur Courbet — Occidentale sixième.	57
Arsène — Rondeau troisième.	61
Opinion sur Henri de La Madelène — Triolet deuxième.	63
Madame Keller — Rondeau quatrième.	64
Monsieur Jaspin — Triolets.	66
Adieu, paniers — Rondeau cinquième.	68
Le divan Lepelletier — Triolets rythmiques.	70
A Desirée Rondeau — Rondeau sixième.	74
Evohé. Nemesis interimaici Eveil — Satire première.	76

TABLE. 243

ÉVOHÉ. LES THÉATRES D'ENFANTS. — Satire deuxième.	84
L'OPÉRA TURC. — Satire troisième.	90
ACADÉMIE ROYALE DE MUSIQUE. — Satire quatrième.	97
L'AMOUR A PARIS. — Satire cinquième.	116
LES FOLIES NOUVELLES.	133
VARIATIONS LYRIQUES.	164
BALLADE DES CÉLÉBRITÉS DU TEMPS JADIS.	175
A MES ÉDITEURS. — Virelai.	177
BALLADE DES TRAVERS DE CE TEMPS.	184
MONSIEUR COQUARDEAU. — Chant royal.	184
MONSELET D'AUTOMNE. — Pantoum.	188
NADAR. — Occidentale septième.	194
REPRISE DE *LA DAME*. — Occidentale huitième.	196
RÉALISME. — Occidentale neuvième.	200
MARCHANDS DE CRAYONS. — Occidentale dixième.	204
PREMIER SOLEIL.	214
LA VILLE ENCHANTÉE.	217
LE CRITIQUE EN MAL D'ENFANT. — Occidentale onzième.	223
NOMMONS COUTURE. — Occidentale douzième.	229
BALLADE.	235
LE SAUT DU TREMPLIN.	237
TABLE.	244

Achevé d'imprimer le XVII Février M DCCC LVII

En vente à Paris

Chez POULET-MALASSIS et DE BROISE

LIBRAIRES-ÉDITEURS, 4, RUE DE BUCI.

Notice sur Jean de Schelandre, poète Verdunois (1585-1656), par Charles Asselineau, 2e édition suivie de Poésies réimprimées pour la première fois d'après l'édition unique de 1608, in-8°. — Tiré 150 exemplaires numérotés, sur papier vélin ancien et sur papier vergé. .... 5 fr

Histoire du Sonnet, pour servir à l'Histoire de la Poésie française, par Charles Asselineau, 2e édition —Tiré à 150 exemplaires sur papier vélin ancien et sur papier vergé.................. 5 fr

Les Oubliés et les Dédaignés, figures littéraires de la fin du XVIIIe siècle, par Ch. Monselet, 2 vol. in-12 sur papier collé d'Angoulême........... 4 fr

Linguet; — Mercier; — Dorat-Cubières; — Olympe de Gouges; — Le Cousin Jacques; — Le chevalier de la Morlière; — Le chevalier de Mouhy; — Desforges; — Dorvigny; — Gorgy; — La Morency; — Plancher-Valcour — Baculard-d'Arnaud; — Grimod de la Reynière, etc., etc.

Pour paraître en février et mars 1857:

Correspondance inédite de Sophie Arnould, avec une préface et des notes d'E. et J. de Goncourt, in-12 sur papier d'Angoulême collé............ 2 fr.

Les Fleurs du Mal, poésies par Ch. Baudelaire, in-12, sur papier d'Angoulême collé...... 2 fr.

Pour paraître en Avril:

BIBLIOTHÈQUE DU XVIIIe SIÈCLE, MŒURS ET LITTÉRATURE.

Cette Bibliothèque sera imprimée sur papier vergé et cartonnée à l'anglaise. Elle se composera d'environ *soixante volumes*, avec notices biographiques et notes. *Chaque volume se vendra séparément.*

ODES
NAMBULESQUES